Impressum
Verlag: BABADADA GmbH, Nedderfeld 112 , 22529 Hamburg
Geschäftsführer / Verlagsleitung: Harald Hof
Druck: Books on Demand GmbH, In de Tarpen 42, 22848 Norderstedt

Imprint
Publisher: BABADADA GmbH, Nedderfeld 112 , 22529 Hamburg, Germany
Managing Director / Publishing direction: Harald Hof
Print: Books on Demand GmbH, In de Tarpen 42, 22848 Norderstedt

ကျောင်း

koulu

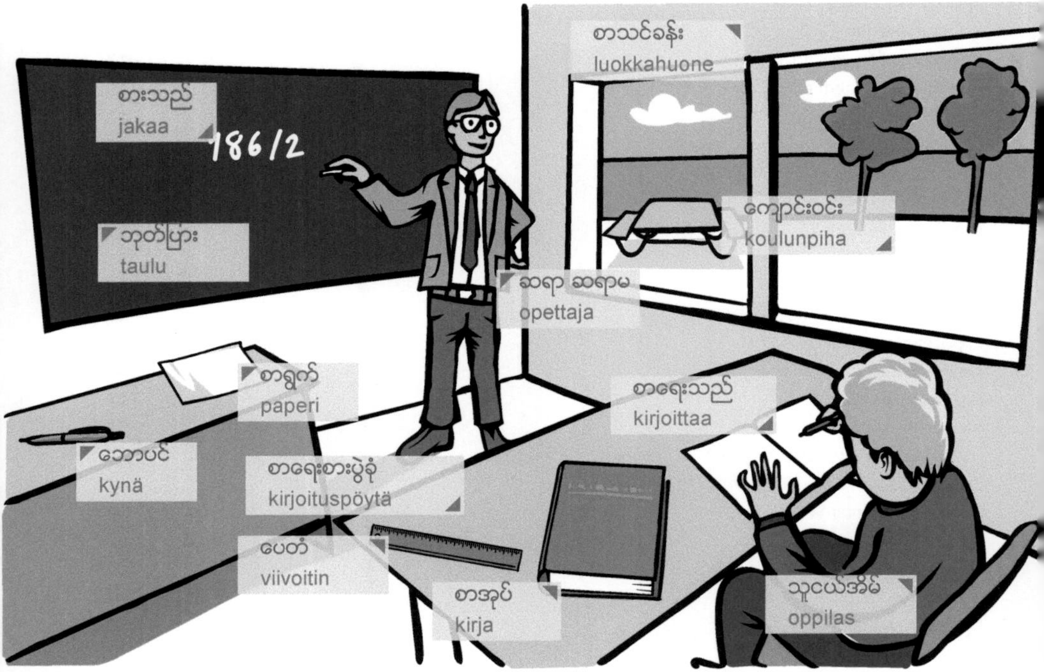

စာသင်ခန်း
luokkahuone
စားသည်
jakaa
186/2
ဘုတ်ပြား
taulu
ကျောင်းဝင်း
koulunpiha
ဆရာ ဆရာမ
opettaja
စာရွက်
paperi
စာရေးသည်
kirjoittaa
ဘောပင်
kynä
စာရေးစားပွဲခုံ
kirjoituspöytä
ပေတံ
viivoitin
စာအုပ်
kirja
သူငယ်အိမ်
oppilas

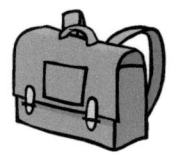

အဖုံးပါ ဘေးလွယ်အိတ်

reppu

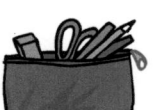

ခဲတံဘူး

penaali

ခဲတံ

lyijykynä

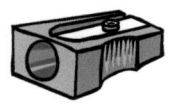

ချွန်စက်

kynänteroitin

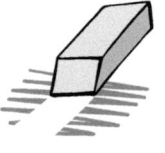

ခဲဖျက်

pyyhekumi

ပုံဆွဲစာအုပ်

piirustuslehtiö

ပုံဆွဲခြင်း

piirustus

ဆေးခြယ်သည့် စုပ်တံ

pensseli

အရောင်စုံ ဗူး

vesivärit

ကပ်ကြေး

sakset

ကော်

liima

လေ့ကျင့်ခန်းစာအုပ်

harjoituskirja

အိမ်စာ

kotitehtävä

12

နံပါတ်

luku

2+2

ပေါင်းသည်

lisätä

5−2

နုတ်သည်

vähentää

2×2

မြှောက်သည်

kertoa

တွက်ပါ

laskea

A

စာ

kirjain

ABCDEFG HIJKLMN OPQRSTU VWXYZ

အက္ခရာ

aakkoset

hello

စကားလုံး

sana

ဖတ်စာအုပ်

teksti

ဖတ်သည်

lukea

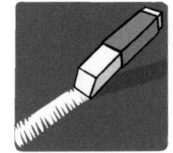

မြေဖြူ

liitu

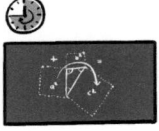

သခန်းစာ

oppitunti

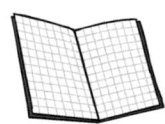

ကျောင်းခေါ်ချိန်
မှတ်တမ်းစာအုပ်

opettajan muistikirja

စာမေးပွဲ

koe

အထောက်အထားလက်မှတ်

todistus

ကျောင်းဝတ်စုံ

koulupuku

ပညာရေး

koulutus

စွယ်စုံကျမ်း

sanakirja

တက္ကသိုလ်

yliopisto

အနက်ကြည့်မှန်ပြောင်း

mikroskooppi

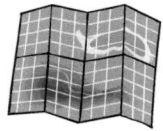

မြေပုံ

kartta

အမှိုက်စွန့်ပုံး

roskakori

ဟိုတယ်
hotelli

ဘော်ဒါဆောင်
retkeilymaja

ROOMS

ငွေလဲဌာန
rahanvaihto

EXCHANGE

ခရီးဆောင်အိတ်
matkalaukku

ကား
auto

ဘာသာစကား

kieli

မှန် / မှား

kyllä / ei

အိုကေ

selvä

ဟယ်လို

hei

ဘာသာပြန်

tulkki

ကျေးဇူးတင်ပါတယ်

kiitos

......က ဘယ်လောက်လဲ။

Paljonko...maksaa?

ကျွန်ုပ် နားမလည်ဘူး

en ymmärrä

ပြဿနာ

ongelma

မင်္ဂလာ ညနေခင်းပါ။

Hyvää iltaa!

မင်္ဂလာ နံနက်ခင်းပါ။

Hyvää huomenta!

မင်္ဂလာ ညပါ။

Hyvää yötä!

ဘိုင်းဘိုင်

näkemiin

ဦးတည်ရာ

suunta

ခရီးဆောင်သေတ္တာ

matkatavarat

အိတ်

laukku

ကျောပိုးအိတ်

reppu

ဧည့်သည်

vieras

အခန်း

huone

တစ်ကိုယ်စာအိပ်ယာလိပ်

makuupussi

ရွက်ထည်တဲ

teltta

ခရီးသွားသည် - matka

ခရီးသွားဧည့်သည်အတွက်
သတင်းအချက်အလက်
turisti-info

ကမ်းခြေ
ranta

အကြွေးဝယ်ကတ်
luottokortti

နံက်စာ
aamupala

နေ့လည်စာ
lounas

ညစာ
päivällinen

လက်မှတ်
matkalippu

ဓာတ်လှေကား
hissi

တံဆိပ်ခေါင်း
postimerkki

နယ်စပ်
raja

အခွန်များ
tulli

သံရုံး
suurlähetystö

ဗီဇာ
viisumi

နိုင်ငံကူးလက်မှတ်
passi

သယ်ယူပို့ဆောင်ရေး

kuljetus

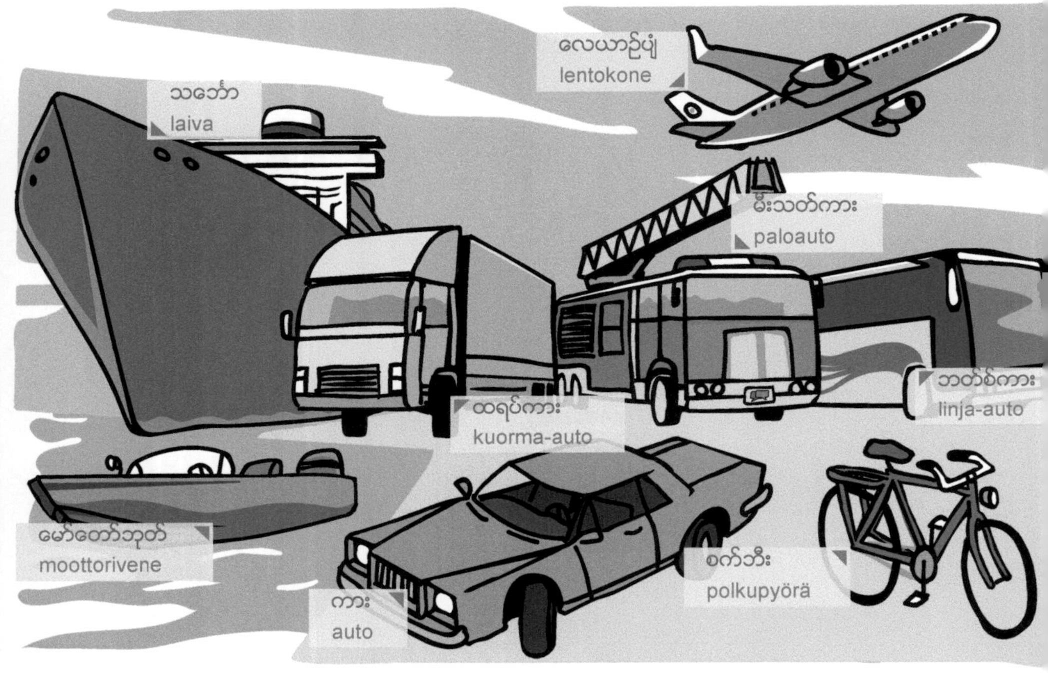

လေယာဉ်ပျံ
lentokone
သင်္ဘော
laiva
မီးသတ်ကား
paloauto
ဘတ်စ်ကား
linja-auto
ထရပ်ကား
kuorma-auto
မော်တော်ဘုတ်
moottorivene
စက်ဘီး
polkupyörä
ကား
auto

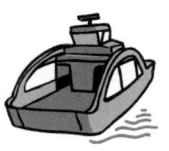

ဖယ်ရီသင်္ဘော

lautta

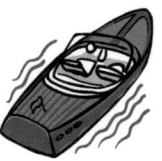

လှေ

vene

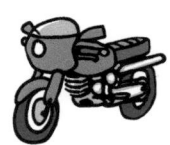

မော်တော်ဆိုက်ကယ်

moottoripyörä

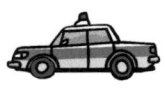

ရဲကား

poliisiauto

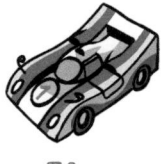

ပြိုင်ကား

kilpa-auto

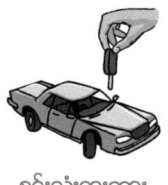

စင်းလုံးငှားကား

vuokra-auto

ကားဝေမျှသုံးစွဲခြင်း

car sharing

ပျက်နေသော ထရပ်ကား

hinausauto

အမှိုက်သယ်ယာဉ်

roska-auto

မော်တာ

moottori

လောင်စာ

polttoaine

ဓာတ်ဆီဆိုင်

huoltoasema

လမ်းကြောပြ ဆိုင်းဘုတ်

liikennemerkki

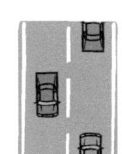

ယာဉ်အသွားအလာ

liikenne

လမ်းကြောပိတ်ဆို့မှု

ruuhka

ကားရပ်နားရာနေရာ

parkkipaikka

ရထားဘူတာရုံ

rautatieasema

လမ်းကြောင်းများ

raiteet

ရထား

juna

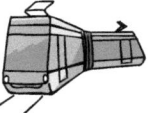

ဓာတ်ရထား

raitiovaunu

ရထားလုံး

vaunu

ဟယ်လီကော်ပီတာ

helikopteri

လေဆိပ်

lentokenttä

တာဝါ

lähilennonjohto

ခရီးသည်

matkustaja

ထည့်စရာပုံး

kontti

ကတ်ထူပုံး

pahvilaatikko

လှည်း

kärryt

ခြင်း

kori

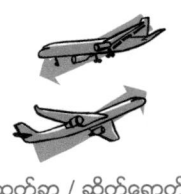

ထွက်စွာ / ဆိုက်ရောက်

nousta / laskea

မြို့တော်

kaupunki

ကျေးရွာ

kylä

မြို့လယ်ခေါင်

keskusta

အိမ်

talo

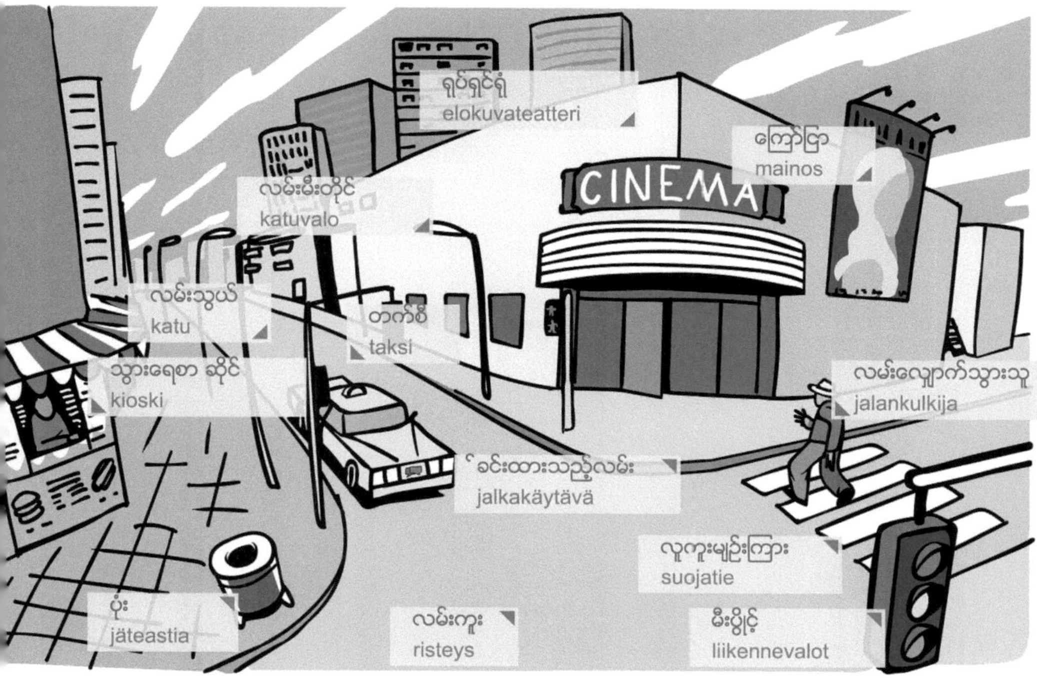
ရုပ်ရှင်ရုံ
elokuvateatteri
CINEMA
ကြော်ငြာ
mainos
လမ်းမီးတိုင်
katuvalo
လမ်းသွယ်
katu
တက္ကစီ
taksi
သွားရေစာ ဆိုင်
kioski
လမ်းလျှောက်သွားသူ
jalankulkija
ခင်းထားသည့်လမ်း
jalkakäytävä
လူကူးမျဉ်းကြား
suojatie
ပုံး
jäteastia
လမ်းကူး
risteys
မီးပွိုင့်
liikennevalot

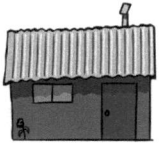

တဲအိမ်

mökki

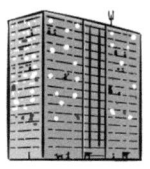

နေအိမ်ခန်း

kerrostalo

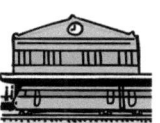

ရထားဘူတာရုံ

rautatieasema

မြို့တော်ခန်းမ

kaupungintalo

MUSEUM

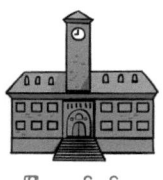

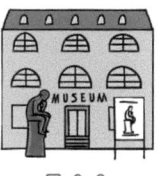

ပြတိုက်

museo

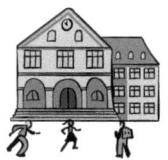

ကျောင်း

koulu

တက္ကသိုလ်
yliopisto

ဘဏ်
pankki

ဆေးရုံ
sairaala

ဟိုတယ်
hotelli

ဆေးဆိုင်
apteekki

ရုံးခန်း
toimisto

စာအုပ်ဆိုင်
kirjakauppa

ဆိုင်
liike

ပန်းရောင်းသူ၏
kukkakauppa

စူပါမားကတ်
supermarketti

ဈေး
tori

ပစ္စည်းမျိုးစုံရောင်းသည့်
စတိုးဆိုင်ကြီး
tavaratalo

ငါးရောင်းသူ၏
kalakauppias

ဈေးဝယ်စင်တာ
ostoskeskus

သင်္ဘောဆိပ်
satama

အနားယူပန်းခြံ
puisto

ထိုင်ခုံတန်း
penkki

တံတား
silta

လှေကားထစ်များ
portaat

မြေအောက်
metro

ဥမင်လိုင်ခေါင်း
tunneli

ဘတ်စ်ကားမှတ်တိုင်
linja-autopysäkki

ဘား
baari

စားသောက်ဆိုင်
ravintola

စာတိုက်သေတ္တာ
postilaatikko

လမ်းဆိုင်းဘုတ်
katukyltti

ကားရပ်နားခ ကောက်ခံသည့်
မီတာ
parkkimittari

တိရိစ္ဆာန်ရုံ
eläintarha

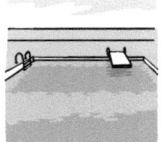

ရေကူးကန်
uimala

ဗလီ
moskeija

လယ်ယာ

maatila

ညစ်ညမ်းမှု

ympäristön saastuminen

သချႌင်းကုန်း

hautausmaa

ဘုရားရှိခိုးကျောင်း

kirkko

ကစားကွင်း

leikkikenttä

ဘုရားကျောင်း

temppeli

ရှုခင်း
maisema

သစ်ရွက်
lehti

ဆိုင်းဘုတ်
tienviitta

လမ်း
tie

မြက်ခင်း
niitty

ကျောက်တုံး
kivi

သစ်ပင်
puu

တောင်တက်သမား
retkeilijä

မြစ်
joki

မြက်
ruoho

ပန်း
kukka

တောင်ကြား

laakso

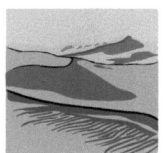

တောင်ကုန်း

vuori

ရေကန်

järvi

သစ်တော

metsä

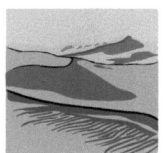

သဲကန္တာရ

aavikko

မီးတောင်

tulivuori

ရဲတိုက်

linna

သက်တန့်

sateenkaari

မှို

sieni

ထန်းပင်

palmu

ခြင်

hyttynen

ပျံသန်းသည်

kärpänen

ပုရွက်ဆိတ်

muurahainen

ပျား

mehiläinen

ပင့်ကူ

hämähäkki

ပိုးတောင်မာ

kovakuoriainen

ဖား

sammakko

ရှဉ့်

orava

ဖြူကောင်

siili

ယုန်

jänis

ဇီးကွက်

pöllö

ငှက်

lintu

ငန်း

joutsen

တောဝက်

villisika

သမင်

peura

ချိုပြားဒရယ်

hirvi

ဆည်

pato

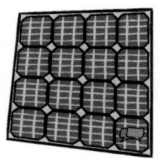

လေအားသုံး
လျှပ်စစ်ဓာတ်အားပေးစက်

tuulimylly

နေရောင်ခြည်ခံပြား

aurinkopaneeli

ရာသီဥတု

ilmasto

စားသောက်ဆိုင်
ravintola

စားပွဲထိုး
tarjoilija

မီနူး
ruokalista

ထိုင်ခုံ
tuoli

ဟင်းချို
keitto

ပီဇာ
pitsa

စားပွဲခင်း
pöytäliina

ဇွန်းခက်ရင်း
ruokailuvälineet

ပထမဆုံး စားသည့် အစာ
alkuruoka

ပင်မ အစာ
pääruoka

အချိုပွဲ
jälkiruoka

သောက်စရာများ
juomat

အစားအစာ
ruoka

ပုလင်း
pullo

အသင့်ပြင်ပြီးသား အစားအစာ

pikaruoka

လမ်းဘေးအစားအစာ

katuruoka

လက်ဖက်ရည်အိုး သို့မဟုတ် ရေနွေးကြမ်းအိုး

teekannu

သကြားအိုး

sokeriastia

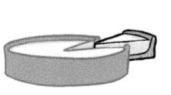

တစ်ယောက်စာ

annos

အက်စ်ပရက်ဆို ကော်ဖီစက်

espressokeitin

ထိုင်ခုံအမြင့်

syöttötuoli

ငွေတောင်းခံလွှာ

lasku

ပန်း

tarjotin

ဓါး

veitsi

ခက်ရင်း

haarukka

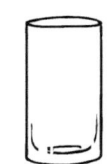

ဇွန်း

lusikka

လက်ဖက်ရည်ဇွန်း

teelusikka

လက်သုတ်ပုဝါ

servietti

ရေသောက်ဖန်ခွက်

lasi

18   စားသောက်ဆိုင် - ravintola

ပန်းကန်ပြား

lautanen

ဟင်းချိုပန်းကန်ပြား

syvä lautanen

ပန်းကန်ပြား

aluslautanen

ဆော့စ်

kastike

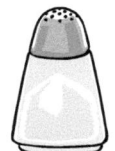

ဆားအိုး

suolasirotin

ငရုတ်ကောင်း ချေစက်

pippurimylly

ရှာလကာရည်

etikka

ဆီ

öljy

ဟင်းခတ်အမွှေးအကြိုင်

mausteet

ခရမ်းချဉ်သီးဆော့စ်

ketsuppi

မုန်ညင်းဆီဆော့စ်

sinappi

မယိုးနိစ်

majoneesi

စူပါမားကတ်

supermarketti

အထူးကမ်းလှမ်းချက်
tarjous
FOR
ဖောက်သည် သို့မဟုတ် ဈေးဝယ်သူ
asiakas
နို့ထွက်ပစ္စည်း
maitotuotteet
သစ်သီး
hedelmät
ထရော်လီလှည်း
ostoskärryt

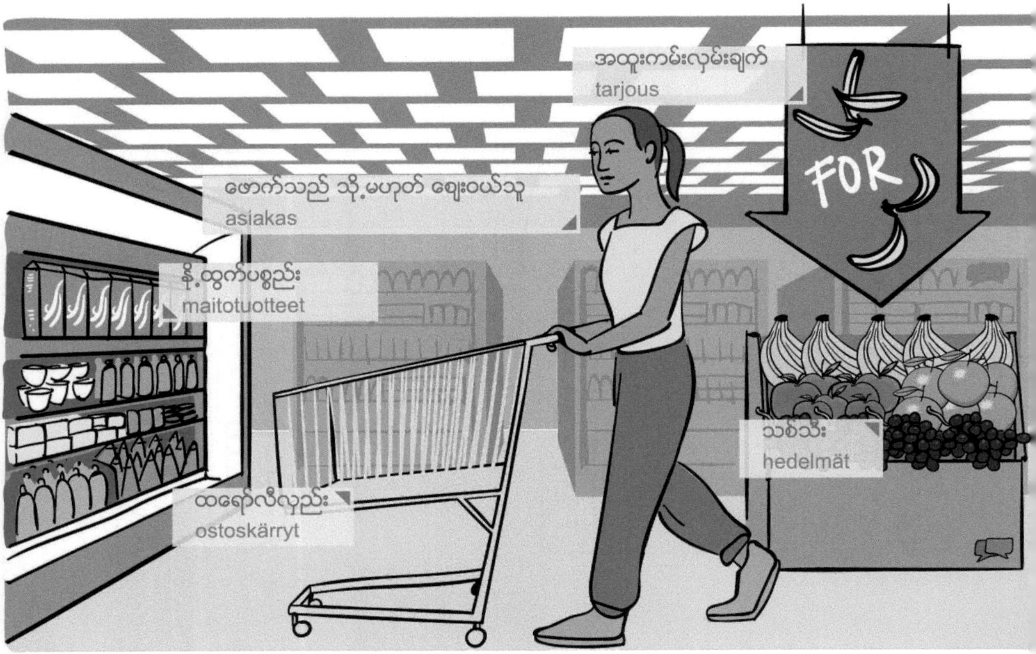

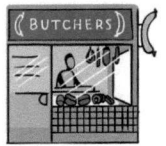

BUTCHERS

သားသတ်သမား၏

teurastamo

BAKERY

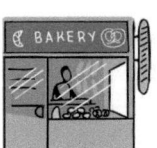

မုန့်ဖုတ်သမား၏

leipomo

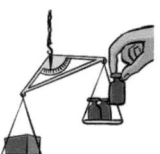

အလေးချိန်သည်

punnita

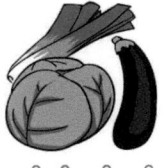

ဟင်းသီးဟင်းရွက်

kasvikset

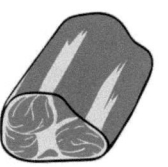

အသား

liha

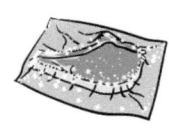

အေးခဲထားသည့် အစားအစာ

pakasteet

ဆင်ထားသော အသားအေး

leikkele

သံဗူးသွပ် အစားအစာ

säilykkeet

ဆပ်ပြာမှုန့်

pesujauhe

သကြားလုံးများ

makeiset

အိမ်သုံး ပစ္စည်းများ

kotitaloustarvikkeet

သန့်ရှင်းရေး ပစ္စည်းများ

puhdistusaineet

ဈေးရောင်းသူ

myyjä

အထိ

kassa

ငွေကိုင်

kassanhoitaja

ဈေးဝယ်စာရင်း

ostoslista

ဖွင့်ချိန်နာရီများ

aukioloajat

အိတ်ဆောင် ပိုက်ဆံအိတ်

lompakko

အကြွေးဝယ်ကတ်

luottokortti

အိတ်

kassi

ပလတ်စတစ်အိတ်

muovipussi

ရေ

vesi

သစ်သီးဖျော်ရည်

mehu

နွားနို့

maito

ကိုကာကိုလာ

kokis

ဝိုင်

viini

ဘီယာ

olut

အရက်

alkoholi

ကိုကိုးမှုန့်

kaakao

လက်ဖက်ရည် သို့ မဟုတ်
ရေနွေးကြမ်း

tee

ကော်ဖီ

kahvi

အက်စ်ပရက်ဆို ကော်ဖီ

espresso

ကပူချီနိုကော်ဖီ

cappuccino

ငှက်ပျောသီး
....
banaani

ပန်းသီး
....
omena

လိမ္မော်သီး
....
appelsiini

ဖရဲသီးမျိုးဝင်
....
meloni

သံပုရိုသီး
....
sitruuna

မုန်လာဥနီ
....
porkkana

ကြက်သွန်ဖြူ
....
valkosipuli

မျှစ်
....
bambu

ကြက်သွန်နီ
....
sipuli

မို
....
sieni

ပဲစေ့များ
....
pähkinät

ခေါက်ဆွဲ
....
spagetti

စပါဂတီ ခေါ် အီတလီ ခေါက်ဆွဲ

spagetti

ထမင်း

riisi

ဆလပ်ရွက်သုတ်

salaatti

အကြော်ကြော်များ

ranskalaiset

အာလူးကြော်

paistetut perunat

ပီဇာ

pitsa

ဟမ်ဘာဂါ

hampurilainen

အသားညှပ်ပေါင်မုန့်

voileipä

ကတ်တလိပ်

leike

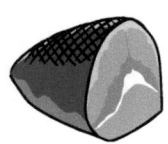

ဝက်ပေါင်ခြောက်

kinkku

ဆလာမီ

salami

ဝက်အူချောင်း

makkara

ကြက်သား

kana

ရှို့စ်လုပ်ခြင်း

paisti

ငါး

kala

ကွေကာအွတ်

kaurahiutaleet

မျိုးစလီ

mysli

ပြောင်းစွေပြား

murot

ဂျိုမုန့်

jauho

ခရာဆွန်း ခေါ်
ပြင်သစ်ပေါင်မုန့်တစ်မျိုး

voisarvi

ပေါင်မုန့်လိပ်

sämpylä

ပေါင်မုန့်

leipä

ပေါင်မုန့်မီးကင်

paahtoleipä

ဘီစကစ်

keksit

ထောပတ်

voi

ဒိန်ခဲ

rahka

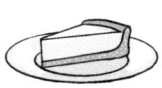

ကိတ်မုန့်

kakku

ဥ

kananmuna

ဥကြော်

paistettu kananmuna

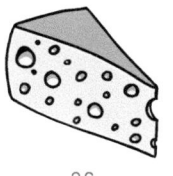

ချိစ်

juusto

ရေခဲမုန့်
jäätelö

သကြား
sokeri

ပျားရည်
hunaja

ယို
hillo

ယိုသုတ်စားသည့် ချောကလက်
suklaapähkinälevite

ဟင်း
curry

လယ်ယာ

maatila

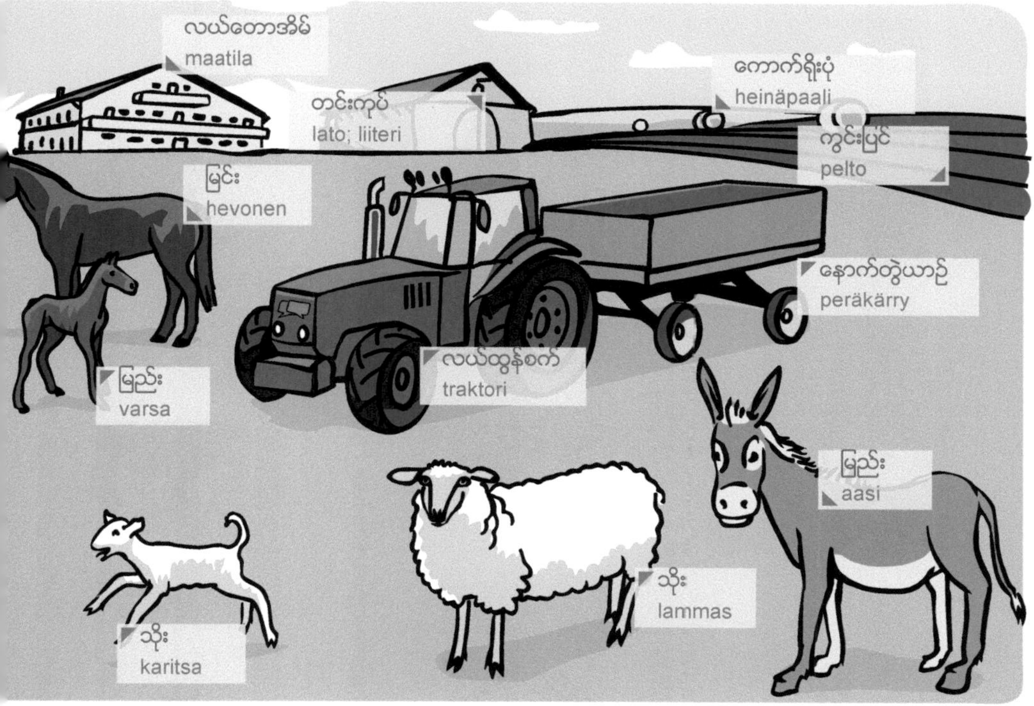

လယ်တောအိမ်
maatila
တင်းကုပ်
lato; liiteri
ကောက်ရိုးပုံ
heinäpaali
ကွင်းပြင်
pelto
မြင်း
hevonen
နောက်တွဲယာဉ်
peräkärry
မြည်း
varsa
လယ်ထွန်စက်
traktori
မြည်း
aasi
သိုး
lammas
သိုး
karitsa

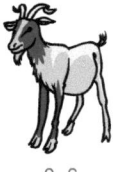

ဆိတ်

vuohi

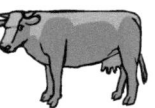

နွားမ

lehmä

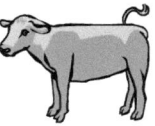

နွားလေး

vasikka

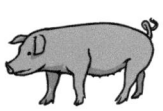

ဝက်

sika

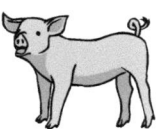

ဝက်ကလေး

porsas

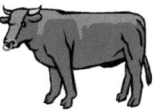

နွားထီး

sonni

ဘဲငန်း

hanhi

ဘဲ

ankka

ကြက်ပေါက်ကလေး

tipu

ကြက်မ

kana

ကြက်ဖ

kukko

ကြက်

rotta

ကြောင်

kissa

ကြွက်ကလေး

hiiri

နွားထီး

härkä

ခွေး

koira

ခွေးအိမ်

koirankoppi

ပန်းခြံရေပိုက်

puutarhaletku

ရေလောင်းသည့်ခွက်

kastelukannu

တံစဉ်အပြားကြီး

viikate

ထယ်

aura

တံစဉ်
sirppi

ပေါက်ပြား
kuokka

ကောက်ဆွ
talikko

ပေါက်ချွန်း
kirves

ဘီးတပ် လက်တွန်းလှည်း
kottikärryt

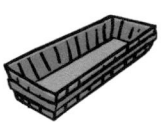

စားခွက်
kaukalo

နို့ဗူး
maitokannu

အိတ်
säkki

ခြံစည်းရိုး
aita

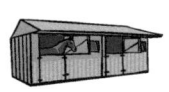

မြင်းဇောင်း
talli

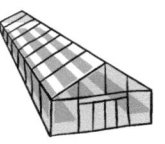

မှန်လုံအိမ်
kasvihuone

မြေကြီး
maa

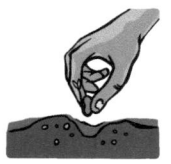

အစေ့
siemen

မြေသြဇာ
lannoite

စုပေါင်း ရိတ်သိမ်းသူ
leikkuupuimuri

ရိတ်သိမ်းသည်

kerätä sato

ရိတ်သိမ်းသည်

sato

ပီလောပိန်

jamssit

ဂျုံ

vehnä

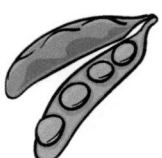

ပဲပုပ်

soija

အာလူး

peruna

ပြောင်း

maissi

နံစားပြောင်းဆီ

rypsi

အသီးပင်

hedelmäpuu

ပီလောပိန်

maniokki

စီရိရယ် ခေါ် နံနက်စာတစ်မျိုး

vilja

မီးခိုးခေါင်းတိုင်
savupiippu

ခေါင်မိုး
katto

ရေထုတ်ပိုက်
sadevesikouru

ပြတင်းပေါက်
ikkuna

ကားဝင်ဒေါင့်
autotalli

လူခေါ်ခေါင်းလောင်း
ovikello

တံခါး
ovi

အမှိုက်ပုံး
roska-astia

စာတိုက်သေတ္တာ
postilaatikko

ပန်းခြံ
puutarha

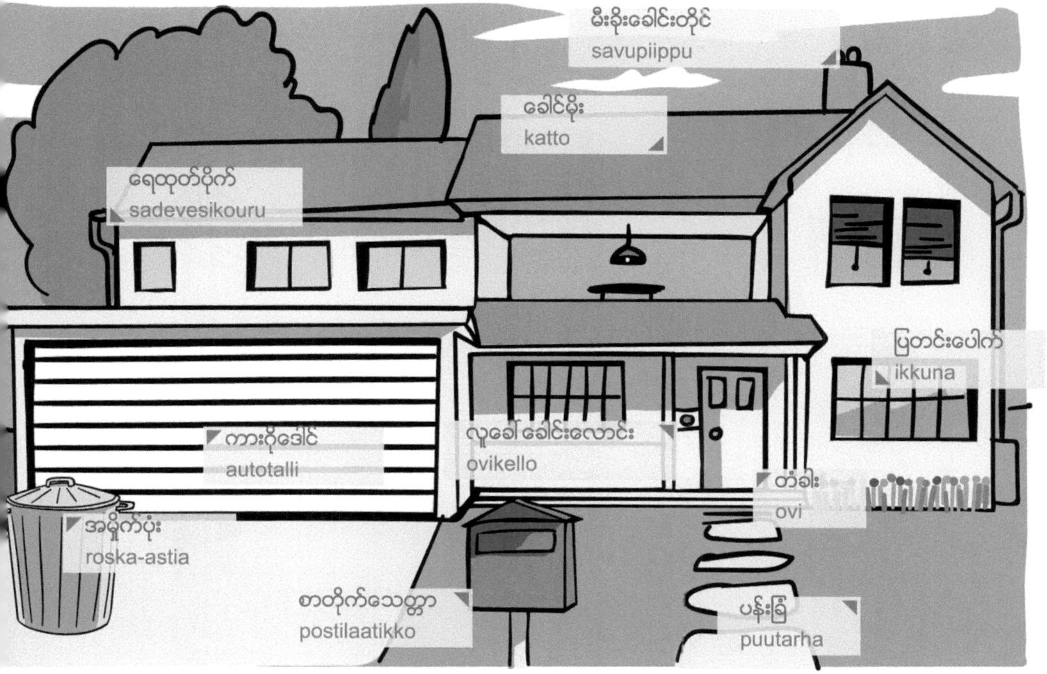

ဧည့်ခန်း

olohuone

ရေချိုးခန်း

kylpyhuone

မီးဖိုချောင်

keittiö

အိပ်ခန်း

makuuhuone

ကလေး အခန်း

lastenhuone

ထမင်းစားခန်း

ruokahuone

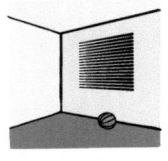

ကြမ်းပြင်

lattia

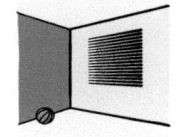

နံရံ

seinä

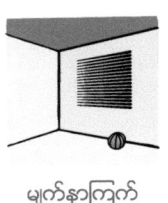

မျက်နှာကြက်

katto

မြေအောက်ခန်း

kellari

ချွေးထုတ်ခန်း

sauna

ဝရန်တာ

parveke

ဝရန်တာ

terassi

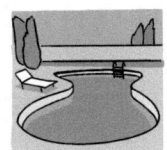

ရေကူးကန်

uima-allas

မြက်ရိတ်စက်

ruohonleikkuri

အခင်း

lakana

အိပ်ယာခင်း

päiväpeitto

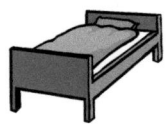

အိပ်ယာ

sänky

တံမြက်စည်း

harja

ရေပုံး

ämpäri

မီးခလုတ်

katkaisin

ဧည့်ခန်း
olohuone

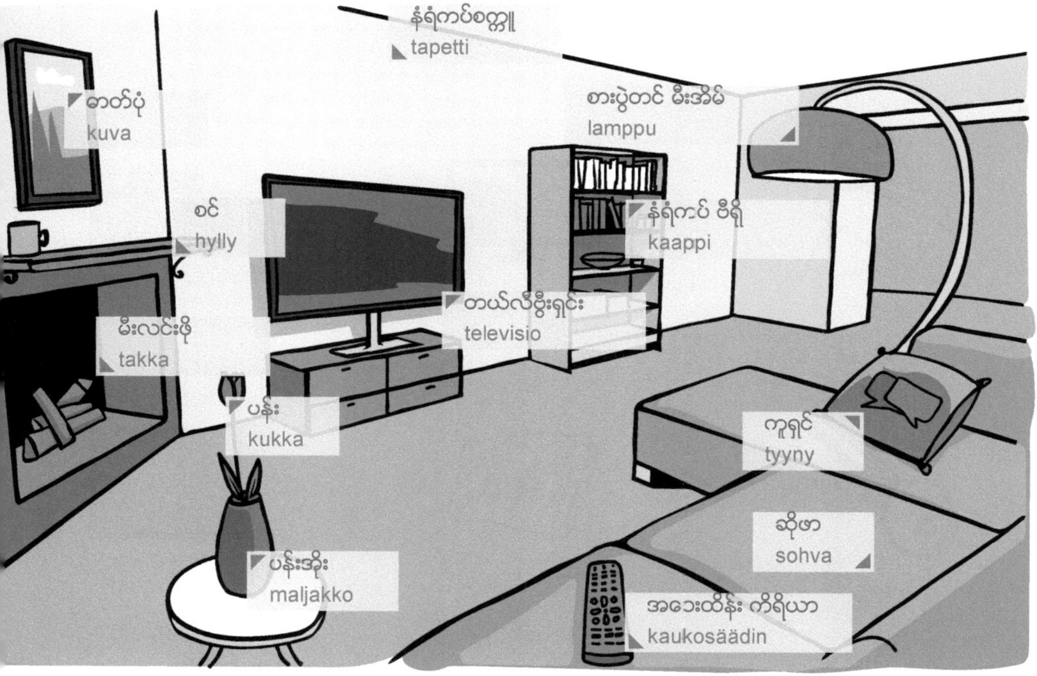

နံရံကပ်စက္ကူ
tapetti
ဓာတ်ပုံ
kuva
စားပွဲတင် မီးအိမ်
lamppu
စင်
hylly
နံရံကပ် ဗီရို
kaappi
တယ်လီဗွီးရှင်း
televisio
မီးလင်းဖို
takka
ပန်း
kukka
ကူရှင်
tyyny
ဆိုဖာ
sohva
ပန်းအိုး
maljakko
အဝေးထိန်း ကိရိယာ
kaukosäädin

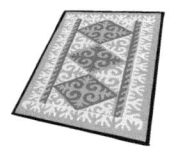

ကော်ဇော

matto

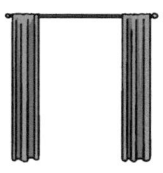

ကန့်လန့်ကာ

verho

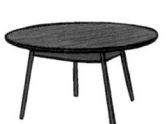

စားပွဲခုံ သို့မဟုတ် ဇယား

pöytä

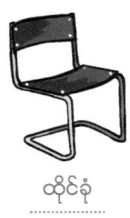

ထိုင်ခုံ

tuoli

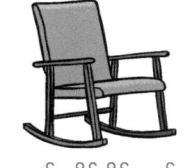

ရှေ့နောက် ယိမ်းနိုင်သည့် ထိုင်ခုံ

keinutuoli

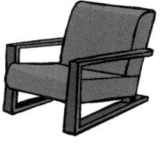

လက်တင်ထိုင်ခုံ

nojatuoli

စာအုပ်

kirja

စောင်

peitto

အပြင်အဆင်

koriste

ထင်း

polttopuut

ဖလင် သို့ မဟုတ် ရုပ်ရှင်

elokuva

ဟိုင်ဖိုင် ကိရိယာ

stereot

သော့

avain

သတင်းစာ

sanomalehti

ပန်းချီကား

maalaus

ပိုစတာ

juliste

ရေဒီယို

radio

မှတ်စုစာရွက်အုပ်

muistivihko

ဖုံစုပ်စက်

pölynimuri

ရှားစောင်းပင်

kaktus

ဖယောင်းတိုင်

kynttilä

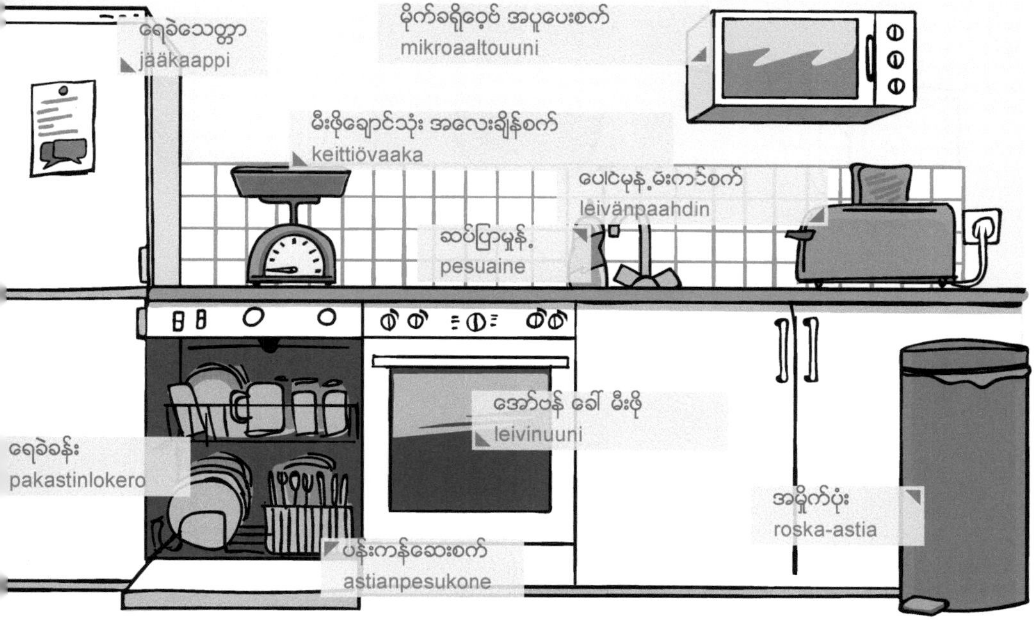

ရေခဲသေတ္တာ
jääkaappi

မိုက်ခရိုဝေ့ဗ် အပူပေးစက်
mikroaaltouuni

မီးဖိုချောင်သုံး အလေးချိန်စက်
keittiövaaka

ပေါင်မုန့် မီးကင်စက်
leivänpaahdin

ဆပ်ပြာမှုန့်
pesuaine

ရေခဲခန်း
pakastinlokero

အော်ဗင် ခေါ် မီးဖို
leivinuuni

အမှိုက်ပုံး
roska-astia

ပန်းကန်ဆေးစက်
astianpesukone

လျှပ်စစ် ချက်ပြုတ်အိုး
liesi

အိုး
kattila

သံအိုးကြီး
rautapata

ကြော်သည့် ဒယ်အိုးကြီး /
ကာဒိုင်း
kkipannu / kadai-pannu

ဒယ်အိုး
paistinpannu

ရေနွေးတည်သည့်အိုး
teepannu

ပေါင်းစက်

höyrykeitin

မုန့်ဖုတ်သည့် ပန်း

uunipelti

ကြွေပန်းကန်ပြား ခွက်ယောက်

astiat

မတ်ခွက်

muki

ဇလုံပန်းကန်

kulho

အစားသည့်တူများ

syömäpuikot

ယောက်ချို

kauha

မွှေသည့်အတံ

paistinlasta

ခေါက်တံ

vispilä

စစ်သည့် အရာ

siivilä

စကာ

siivilä

ခြစ်သည့်ကိရိယာ

raastin

ပြုပ်ဆုံ

mortteli

ဘာဘီကျူးကင်

grilli

ထင်းမီးဖို

avotuli

စင်းနီးတုံး

leikkuulauta

လည်နေသောပင်

kaulin

ဖော့ဆို့

korkinavaaja

သံဗူး

purkki

သံဗူးဖောက်တံ

purkinavaaja

အိုးတင်သည့်အရာ

pannulappu

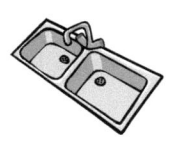

ရေဆေးသည့် နေရာ

lavuaari

စုပ်တံ

tiskiharja

ရေမြုပ်

pesusieni

မွှေသည့်စက်

tehosekoitin

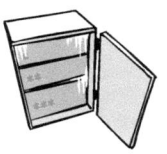

အေးခဲသည့် ရေခဲခန်း

pakastin

ကလေးနို့ဗူး

tuttipullo

ရေပိုက်ခေါင်း

vesihana

ရေချိုးခန်း
kylpyhuone

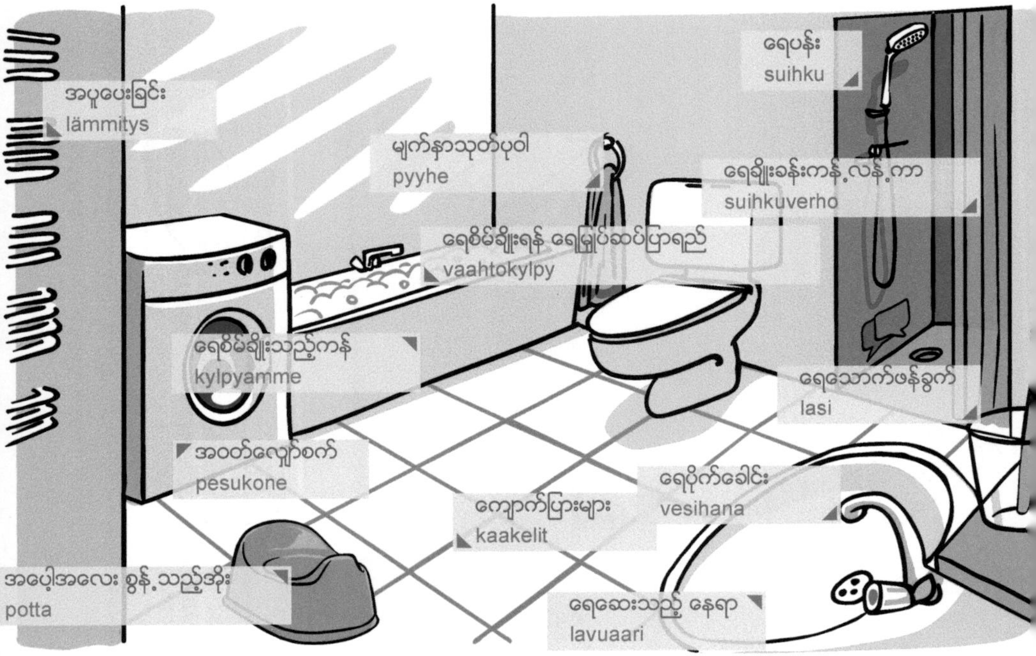
ရေပန်း
suihku
အပူပေးခြင်း
lämmitys
မျက်နှာသုတ်ပုဝါ
pyyhe
ရေချိုးခန်းကန့်လန့်ကာ
suihkuverho
ရေစိမ်ချိုးရန် ရေမြှုပ်ဆပ်ပြာရည်
vaahtokylpy
ရေစိမ်ချိုးသည့်ကန်
kylpyamme
ရေသောက်ဖန်ခွက်
lasi
အဝတ်လျှော်စက်
pesukone
ရေပိုက်ခေါင်း
vesihana
ကျောက်ပြားများ
kaakelit
အပေါ့အလေး စွန့်သည့်အိုး
potta
ရေဆေးသည့် နေရာ
lavuaari

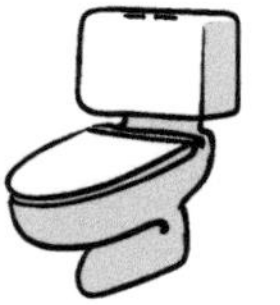

အိမ်သာ

vessa

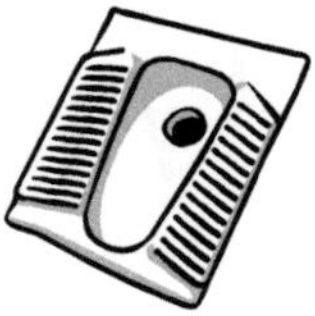

ဆောင့်ကြောင့်ထိုင်ရသည့် အိမ်သာ

kyykkyvessa

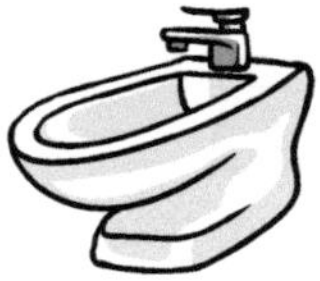

အမျိုးသမီးသုံး အောက်ပိုင်းဆေးသည့် ကမုတ်

bidee

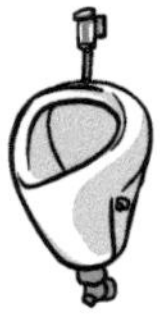

အမျိုးသား ဆီးသွားသည့်ကမုတ်

pisuaari

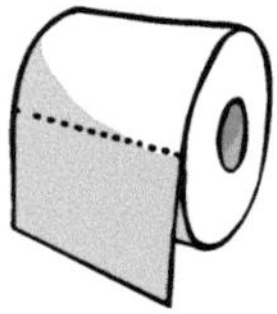

အိမ်သာသုံး စက္ကူ

vessapaperi

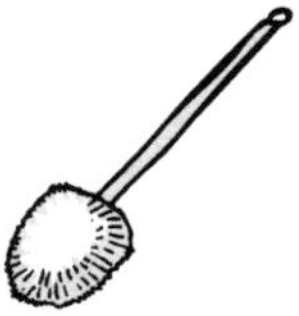

အိမ်သာတိုက် ဘရပ်ရှ်

vessaharja

သွားတိုက်တံ

hammasharja

သွားတိုက်ဆေး

hammastahna

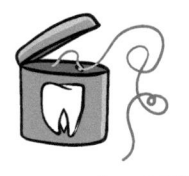

သွား ချေးထုတ်သည့် ကြိုး

hammaslanka

ဆေးကြောသည်

pestä

လက်ကိုင် ရေပန်း

käsisuihku

ရေပန်းဖြင့်ရေချိုးခြင်း

intiimisuihku

ရေအင်တုံ

pesuvati

နောက်ကျော ချေးတွန်းသည့် ဘရပ်ရှ်

selkäharja

ဆပ်ပြာ

saippua

ရေချိုးဆပ်ပြာရည်

suihkugeeli

ခေါင်းလျှော်ရည်

shampoo

ဖလန်နယ်စ

pesulappu

ရေထွက်ပေါက်

viemäri

ခရင်မ်

voide

ဒီအော်ဒရန့်၊ ခေါ်
ကိုယ်လိမ်းအမွေးနံ့သာ

deodorantti

မှန်
peili

လက်ကိုင်မှန်
käsipeili

မုတ်ဆိတ်ရိတ်တံ
partaveitsi

မုတ်ဆိတ်ရိတ်ရန် အမြှုပ်
partavaahto

မုတ်ဆိတ်ရိတ်ပြီး
လိမ်းသည့်အမွေးနံ့သာ
partavesi

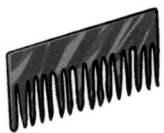

ခေါင်းဘီး
kampa

ဘရပ်ရှ်
harja

ဆံပင်ခြောက်စက်
hiustenkuivaaja

ဆံပင်ဖြန်းဆေး
hiuslakka

မိတ်ကပ်
meikki

နှုတ်ခမ်းဆိုးဆေး
huulipuna

လက်သည်းဆိုးဆေး
kynsilakka

ဝွမ်းလုံး
pumpuli

လက်သည်းညှပ် ကပ်ကြေး
kynsisakset

ရေမွှေး
hajuvesi

ရေချိုးခန်းသုံး အိတ်

kosmetiikkalaukku

ခွေးခြေ

jakkara

ကိုယ်အလေးချိန်တိုင်းသည့်စက်

vaaka

ရေချိုးပြီး ဝတ်သည့်ဝတ်ရုံ

kylpytakki

ရာဘာ လက်အိတ်များ

kumihansikkaat

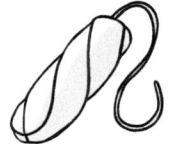

တန်ပွန် ခေါ် ဓမ္မတာလာစဉ် မိန်း
မကိုယ်တွင်းထည့်သည့်အရာ

tamponi

အမျိုးသမီး လစဉ်သုံးပုဝါစ

terveysside

ဓာတုပစ္စည်းထည့်သုံးသည့်
အိမ်သာ

kemiallinen wc

ကလေး အခန်း

lastenhuone

နှိုးစက်
herätyskello
ဖက်အိပ်သည့်အရုပ်
pehmolelu
အရုပ်ကား
leikkiauto
ခလောက်
helistin
အရုပ်မအိမ်
nukkekoti
လက်ဆောင်
lahja

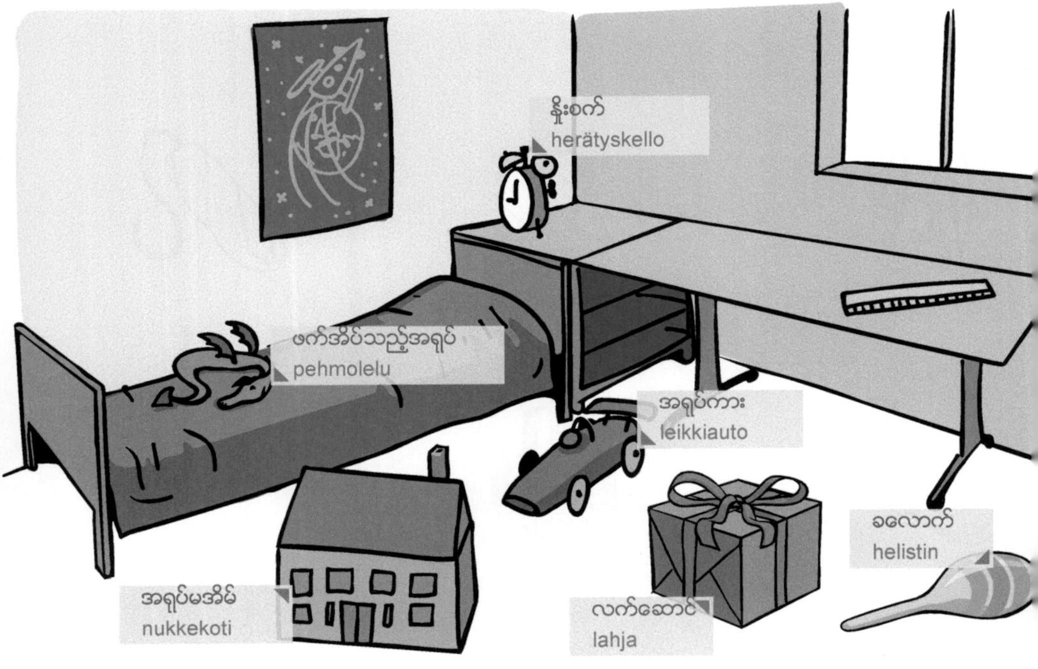

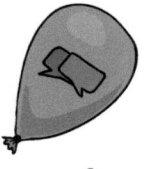

ပူဖောင်း

ilmapallo

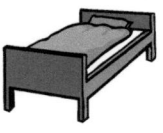

အိပ်ယာ

sänky

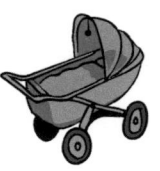

ကလေးတွန်းလှည်း

lastenvaunut

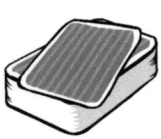

ကစားသည့်ကတ်ထုပ်

korttipeli

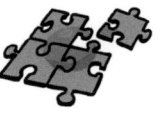

ဂျစ်ဆော ခဲ ဆက်၍ကစားသည့် အပိုင်းအစများ

palapeli

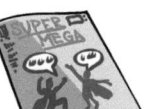

ရုပ်ပြစာအုပ်

sarjakuva

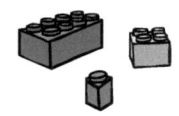

ဆောက်၍ကစားသည့် လေဂို
အတုံးများ

legopalikat

ဆောက်၍ကစားသည့်
အတုံးများ
rakennuspalikat

လှုပ်ရှားလုပ်ကိုင်သူ

supersankari

ဘောဘီဂရိုး

potkupuku

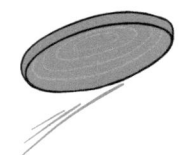

ဖရစ်ဘီး ခေါ် ပစ်၍ ကစားသည့်
အပြား

frisbee

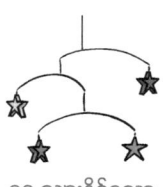

ရွှေ့လျားနိုင်သော

mobile

ဘိပြားပေါ် တွင် ကစားနည်း

lautapeli

အံစာတုံး

noppa

ကစားစရာ ရထား အစုံမော်ဒယ်

pienoisjunarata

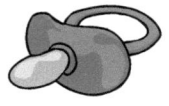

အရုပ်

tutti

ပါတီ

juhlat

ရုပ်ပြစာအုပ်

kuvakirja

ဘောလုံး

pallo

အရုပ်မ

nukke

ကစားသည်

leikkiä

ကစားသည့် သဲပုံး

hiekkalaatikko

ဒန်း

keinu

အရုပ်များ

lelut

ဗွီဒီယိုဂိမ်းကစားသည့် စက်

pelikonsoli

သုံးဘီး စက်ဘီး

kolmipyörä

တက်ဒီ ဝက်ဝံရုပ်

nalle

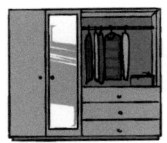

အဝတ်ဗီရို

vaatekaappi

အဝတ်အစား:

vaatteet

ခြေအိတ်များ

sukat

အမျိုးသမီးဝတ် ခြေအိတ်ရှည်

nylonsukat

အမျိုးသမီး ခြေအိတ်အကြပ်

sukkahousut

ပုဝါ
kaulaliina

ထီး
sateenvarjo

တီရှပ်
t-paita

ခါးပတ်
vyö

ဘွတ်ဖိနပ်များ
saappaat

ခြေညှပ်ဖိနပ်များ
sisätossut

အားကစားဖိနပ်များ
lenkkarit

ခြေစွပ် နောက်ပိတ်ဖိနပ်
sandaalit

ရှူးဖိနပ်များ
kengät

ရာဘာ ဘွတ်ဖိနပ်များ
kumisaappaat

အောက်ခံ အဝတ်များ
alushousut

ဘရာဇီယာ
rintaliivit

အပေါ်ထပ် လက်ပြတ်အကျီ
aluspaita

ကိုယ်ခန္ဓာ

body

ဘောင်းဘီရှည်

housut

ဂျင်းဘောင်းဘီ

farkut

စကပ်

hame

ဘလောက်စ်အင်္ကျီ

pusero

ရှပ်အင်္ကျီ

paita

ခေါင်းစွပ်အင်္ကျီ

villapaita

ခေါင်းစွပ်ပါ အင်္ကျီ

collegepaita

ဘလေဇာကုတ်အင်္ကျီ

jakku

ဂျက်ကတ်အင်္ကျီ

takki

ကုတ်အင်္ကျီ

takki

မိုးကာ ကုတ်အင်္ကျီ

sadetakki

ဝတ်စုံ

puku

ဂါဝန်

mekko

လက်ထပ် ဝတ်စုံ

hääpuku

အနောက်တိုင်းဝတ်စုံပြည့်

puku

ညအိပ်အကျီ

yöpaita

ညအိတ်ဝတ်စုံ

pyjama

ဆာရီ

shari

ခေါင်းအုပ်ပုဝါ

päähuivi

တာဘန် ခေါ် ခေါင်းပေါင်း

turbaani

ဘာကာခေါ်
အမျိုးသမီးခေါင်းအုပ်

burka

ကဖ်တန် ခေါ်
အမျိုးသားဝတ်ဘောင်းဘီ

kaftaani

အာဘယာ ခေါ် မွတ်ဆလင်
အမျိုးသမီးဝတ်အကျီ

abaya

ရေကူးဝတ်စုံ

uimapuku

အဝတ်သေတ္တာ

uimahousut

ဘောင်းဘီတို

shortsit

အားကစားဝတ်စုံ

verkkarit

ခါးစည်း အဝတ်

esiliina

လက်အိတ်များ

käsineet

ကြယ်သီး

nappi

မျက်မှန်

silmälasit

လက်ကောက်

rannekoru

လည်ဆွဲ

kaulakoru

လက်စွပ်

sormus

နားကပ်

korvakoru

ခေါင်းဆောင်း ဦးထုပ်

lippalakki

ကုတ်အင်္ကျီ ချိတ်

ripustin

ဦးထုပ်

hattu

နက်တိုင်

solmio

ဇစ်

vetoketju

ဟဲလ်မက်ခေါ် ခေါင်းဆောင်း

kypärä

သွားထိန်းများ

henkselit

ကျောင်းဝတ်စုံ

koulupuku

ယူနီဖောင်းဝတ်စုံ

univormu

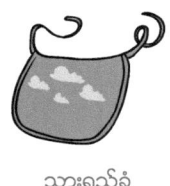

သွားရည်ခံ
....
ruokalappu

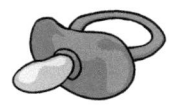

အရုပ်
....
tutti

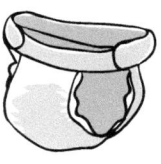

ကလေးအနှီး
....
vaippa

ရုံးခန်း
toimisto

ဆာဗာ
palvelin
ဖိုင်ထည့်သည့် ဗီရို
asiakirjakaappi
ပရင်တာ
tulostin
စာရွက်
paperi
မော်နီတာ
näyttö
စာရေးစားပွဲခုံ
kirjoituspöytä
မောက်စ်
hiiri
စာရွက်ထည့်သည့် ခေါက်ဖိုင်
kansio
ကီးဘုတ်
näppäimistö
အမှိုက်စက္ကူပုံး
roskakori
ကွန်ပြူတာ
tietokone
ထိုင်ခုံ
tuoli

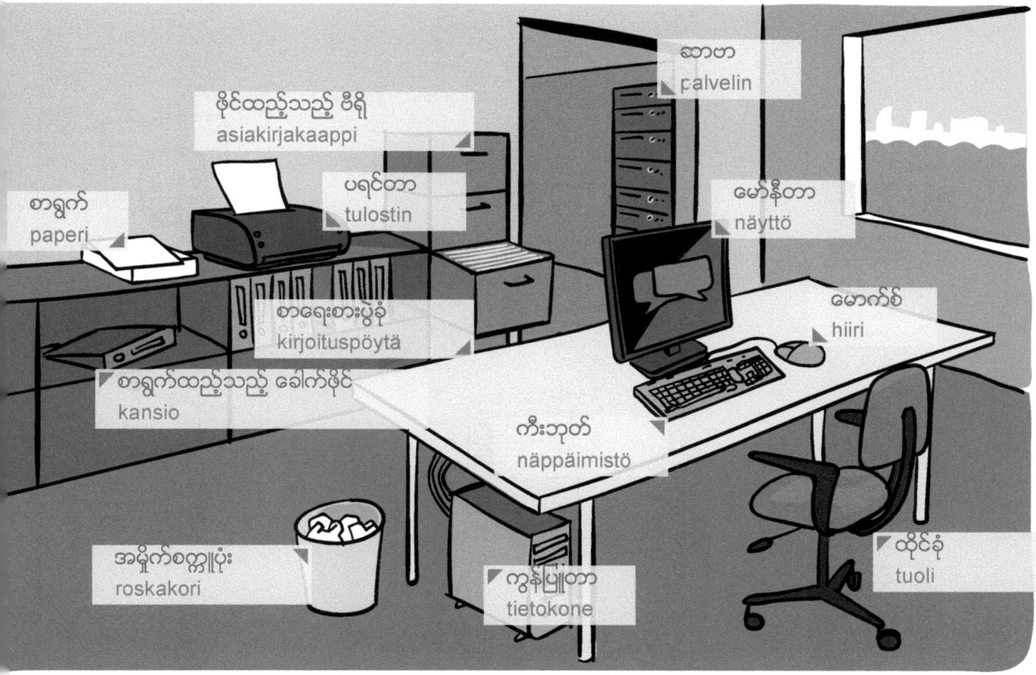

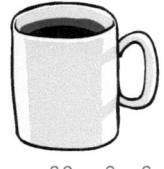

ကော်ဖီ မတ်ခွက်
....
kahvimuki

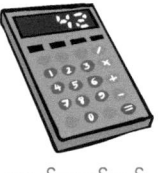

ဂဏန်းတွက်စက်
....
taskulaskin

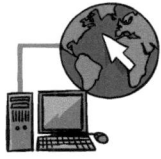

အင်တာနက်
....
internet

ပေါင်ပေါ် တင်ရိုက်နိုင်သည့်
ကွန်ပျူတာ

kannettava tietokone

စာ

kirje

မက်ဆေ့ချ်

viesti

မိုဘိုင်းဖုန်း

kännykkä

ကွန်ရက်

verkko

မိတ္တူကူးစက်

kopiokone

ဆော့ဖ်ဝဲ

ohjelmisto

တယ်လီဖုန်း

puhelin

ပလပ်ပေါက်

pistorasia

ဖက်စ်ပို့သည့် စက်

faksi

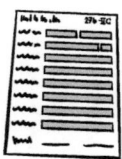

ပုံစံ

lomake

စာရွက်စာတမ်း

asiakirja

စီးပွားရေး
talous

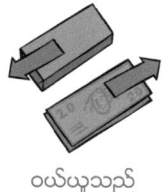

ဝယ်ယူသည်

ostaa

ပေးအပ်သည်

maksaa

ကုန်သွယ်သည်

vaihtaa

ပိုက်ဆံ

raha

ဒေါ်လာ

dollari

ယူရိုငွေ

euro

ယန်းငွေ

jeni

ရူဘယ်ငွေ

rupla

ဆွစ်ဇာလန်နိုင်ငံသုံးငွေ

frangi

ရမ်မင်ဘီ ယွမ်

renminbi juan

ရူပီး

rupia

ငွေချေသည့်နေရာ

pankkiautomaatti

ငွေလဲလှာန

rahanvaihto

ရွှေ

kulta

ငွေ

hopea

ဆီ

öljy

စွမ်းအင်

energia

ဈေးနှုန်း

hinta

စာချုပ်

sopimus

အခွန်

vero

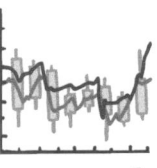

စတော့ဈေးကွက်

osake

အလုပ်လုပ်သည်

työskennellä

ဝန်ထမ်း

työntekijä

အလုပ်ရှင်

työnantaja

စက်ရုံ

tehdas

ဆိုင်

liike

အလုပ်အကိုင်များ
ammatit

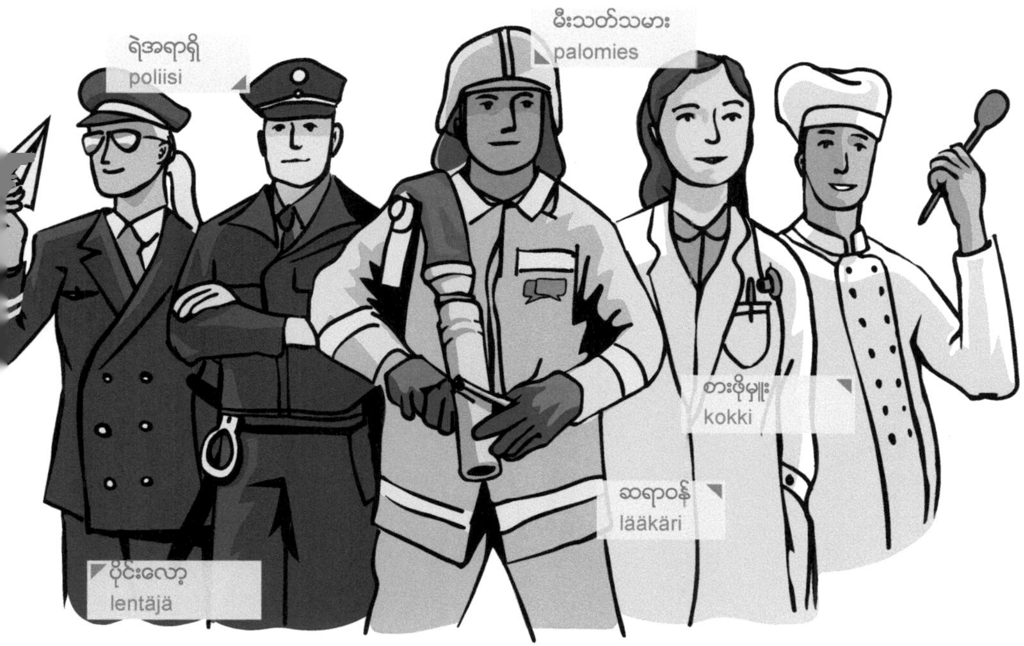
ရဲအရာရှိ
poliisi
မီးသတ်သမား
palomies
စားဖိုမှူး
kokki
ဆရာဝန်
lääkäri
ပိုင်းလော့
lentäjä

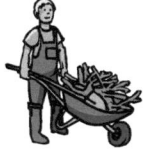

မာလီ
puutarhuri

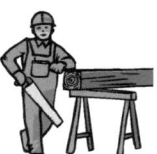

လက်သမား
puuseppä

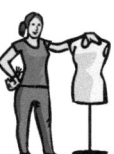

စက်ချုပ်သူ
ompelija

တရားသူကြီး
tuomari

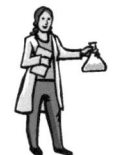

ဓာတုဗေဒပညာရှင်
kemisti

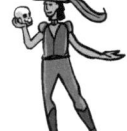

သရုပ်ဆောင်
näyttelijä

ဘတ်စ်ကားမောင်းသမား

linja-autonkuljettaja

တက်စီမောင်းသူ

taksinkuljettaja

ငါးဖမ်းသမား

kalastaja

သန့်ရှင်းရေး အလုပ်သမ

siivooja

အမိုးပြင်သူ

katontekijä

စားပွဲထိုး

tarjoilija

အမဲလိုက်မုဆိုး

metsästäjä

ဆေးသုတ်သမား သို့မဟုတ်
ပန်းချီဆရာ

maalari

မုန့်ဖုတ်သမား

leipuri

လျှပ်စစ်ပညာရှင်

sähköasentaja

ဆောက်လုပ်ရေးသမား

rakentaja

အင်ဂျင်နီယာ

insinööri

သားသတ်သမား

teurastaja

ပိုက်ဆက်ဆရာ

putkiasentaja

စာပို့သမား

postinjakaja

စစ်သား

sotilas

ဗိသုကာပညာရှင်

arkkitehti

ငွေကိုင်

kassanhoitaja

ပန်းပညာရှင်

floristi

ဆံပင်အလှပြင်သူ

kampaaja

လက်မှတ်စစ်

konduktööri

စက်ပြင်ဆရာ

mekaanikko

ကပ္တိန်

kapteeni

သွားဘက်ဆိုင်ရာ ဆရာဝန်

hammaslääkäri

သိပ္ပံပညာရှင်

tiedemies

ရာဘိုင်

rabbi

မွတ်ဆလင် တရားဟောဆရာ

imaami

ဘုန်းကြီး

munkki

တရားဟောဆရာ

pappi

ကိရိယာ တန်ဆာပလာများ

työkalut

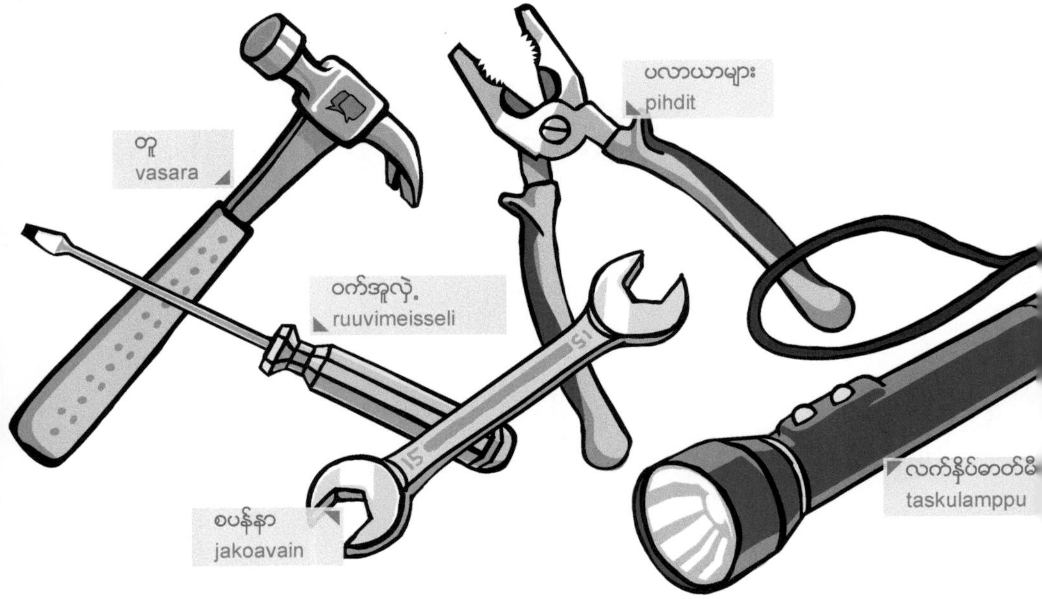
တူ
vasara
ပလာယာများ
pihdit
ဝက်အူလှဲ့
ruuvimeisseli
စပန်နာ
jakoavain
လက်နှိပ်ဓာတ်မီး
taskulamppu

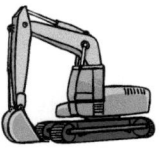

မြေတူးစက်

kaivinkone

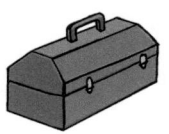

လက်သမားသုံးကိရိယာ သေတ္တာ

työkalupakki

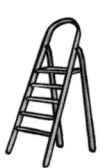

လှေကား

tikkaat

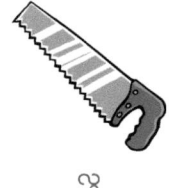

လွှ

saha

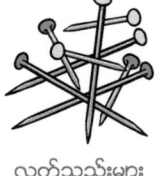

လက်သည်းများ

naulat

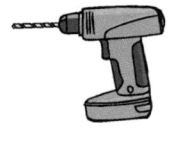

အပေါက်ဖောက်စက်

pora

ပြင်ဆင်သည်
korjata

ဂေါ်ပြား
lapio

ချိုးတဲ့မုပဲ
Hitto!

ဖုန်ကျုံးသည့် ဂေါ်ပြား
rikkalapio

ဆေးရောင်အိုး
maalipurkki

ဝက်အူများ
ruuvit

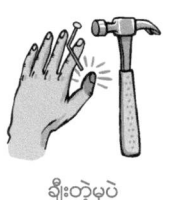

ဂီတတူရိယာများ

soittimet

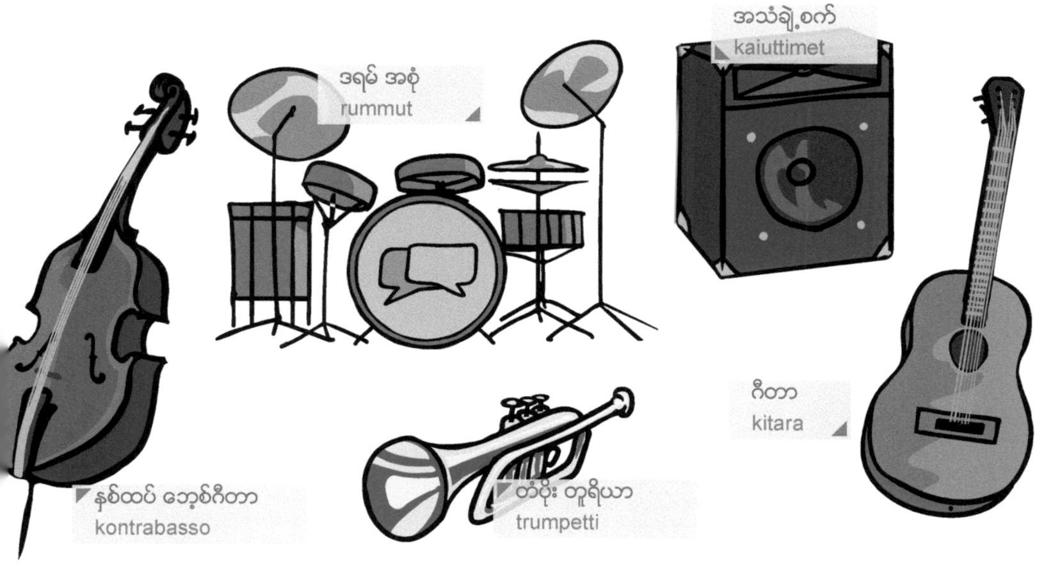

ဒရမ် အစုံ
rummut

အသံချဲ့စက်
kaiuttimet

ဂီတာ
kitara

နှစ်ထပ် ဘော့စ်ဂီတာ
kontrabasso

တံပိုး တူရိယာ
trumpetti

စန္တယား

piano

တယော

viulu

ဘော့စ်ဂီတာ

basso

နားစည်အမြှေးပါး

patarummut

ဒရမ်များ

rumpu

ကီးဘုတ် တူရိယာ

kosketinsoitin

ဆက်ဆိုဖုန်း ခေါ်
လေမှုတ်တူရိယာ

saksofoni

ပုလွေ

huilu

စကားပြောစက်

mikrofoni

တိရိစ္ဆာန်ရုံ
eläintarha

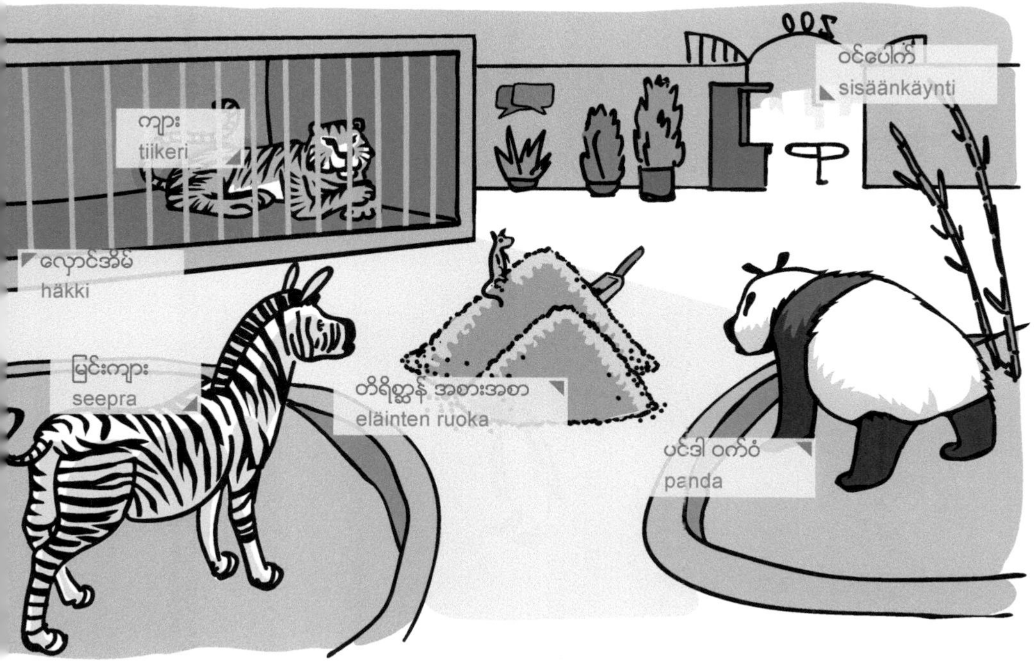
ကျား
tiikeri
ဝင်ပေါက်
sisäänkäynti
လှောင်အိမ်
häkki
မြင်းကျား
seepra
တိရိစ္ဆာန် အစားအစာ
eläinten ruoka
ပင်ဒါ ဝက်ဝံ
panda

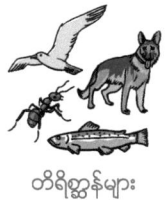

တိရိစ္ဆာန်များ

eläimet

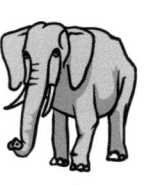

ဆင်

norsu

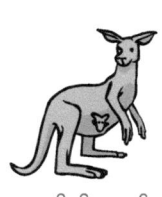

သားပိုက်ကောင်

kenguru

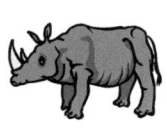

ကြံ့

sarvikuono

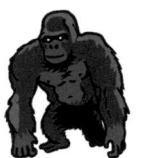

ဂေါ်ရီလာမျောက်

gorilla

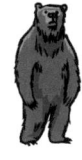

ဝက်ဝံ

karhu

ကုလားအုတ်

kameli

ငှက်ကုလားအုတ်

strutsi

ခြင်္သေ့

leijona

မျောက်

apina

ဖလန်မင်းဂိုးငှက်

flamingo

ကြက်တူရွေး

papukaija

ပိုလာဝက်ဝံ

jääkarhu

ပင်ဂွင်းငှက်

pingviini

ငါးမန်း

hai

ဥဒေါင်းငှက်

riikinkukko

မြွေ

käärme

မိကျောင်း

krokotiili

တိရိစ္ဆာန်ရုံ ထိန်းသိမ်းသူ

eläintarhanhoitaja

ဖျံ

hylje

ကျားသစ်

jaguaari

ပိုနီမြင်း

poni

ကျားသစ်

leopardi

ရေမြင်း

virtahepo

သစ်ကုလားအုတ်

kirahvi

သိန်းငှက်

kotka

တောဝက်

villisika

ငါး

kala

လိပ်

kilpikonna

ပင်လယ်ဖျံကြီး

mursu

မြေခွေး

kettu

ဦးချိုပါ သမင်ညိုတစ်မျိုး

gaselli

urheilu

အမေရိကန် ဖွတ်ဘော
amerikkalainen jalkapallo

စက်ဘီးစီးခြင်း
pyöräily

တင်းနစ်ရိုက်ခြင်း
tennis

ဘတ်စကက်ဘော
koripallo

ရေကူးခြင်း
uinti

လက်ဝှေ့
nyrkkeily

ရေခဲပြင် ဟော်ကီ
jääkiekko

ဘောလုံးကန်ခြင်း
jalkapallo

ကြက်တောင်ရိုက်ခြင်း
sulkapallo

ကိုယ်လက်လှုပ်ရှား
အားကစားများ
yleisurheilu

ဟန်းဒ်ဘော ခေါ် လက်ပစ်ဘော
käsipallo

နှင်းလျှောစီးခြင်း
hiihto

ပိုလို
poolo

ရယ်မောသည်
nauraa

ခုန်သည်
hypätä

ပွေ့ဖက်သည်
halata

လမ်းလျှောက်သည်
kävellä

သီချင်းဆိုသည်
laulaa

အိပ်မက်သည်
unelmoida

ဆုတောင်းသည်
rukoilla

နမ်းရှုပ်သည်
suudella

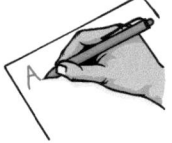

စာရေးသည်
kirjoittaa

ရေးဆွဲသည်
piirtää

ပြသသည်
näyttää

တွန်းသည်
painaa

ပေးသည်
antaa

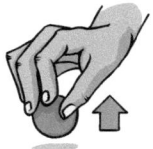

ယူသည်
ottaa

ရှိသည်

omistaa

ပြုလုပ်သည်

tehdä

ဖြစ်သည်

olla

မတ်တပ်ရပ်သည်

seisoa

ပြေးသည်

juosta

ဆွဲသည်

vetää

ပစ်သည်

heittää

လဲကျသည်

kaatua

လိမ်လည်သည်

maata

စောင့်ဆိုင်းသည်

odottaa

သယ်ဆောင်သည်

kantaa

ထိုင်သည်

istua

အဝတ်အစားဝတ်သည်

pukeutua

အိပ်သည်

nukkua

အိပ်ယာမှ ထသည်

herätä

တစ်ခုခုကို ကြည့်ရှုသည်
katsoa

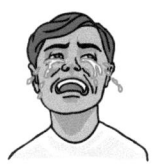

ဝိုသည်
itkeä

ပွတ်သပ်သည်
silittää

ဘီးဖီးသည်
kammata

စကားပြောသည်
puhua

နားလည်သည်
ymmärtää

မေးသည်
kysyä

နားထောင်သည်
kuunnella

သောက်သည်
juoda

စားသည်
syödä

သပ်ရပ်အောင်လုပ်သည်
siivota

ချစ်သည်
rakastaa

ချက်ပြုတ်သည်
keittää

မောင်းသည်
ajaa

ပျံသန်းသည်
lentää

ရွက်လွှင့်သည်
purjehtia

တွက်ပါ
laskea

ဖတ်သည်
lukea

သင်ယူသည်
oppia

အလုပ်လုပ်သည်
työskennellä

လက်ထပ်သည်
mennä naimisiin

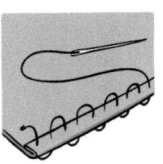

အပ်ချုပ်သည်
ommella

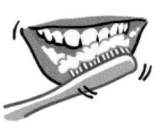

သွားတိုက်သည်
pestä hampaat

သတ်သည်
tappaa

ဆေးလိပ်သောက်သည်
tupakoida

ပို့သည်
lähettää

မိသားစု
perhe

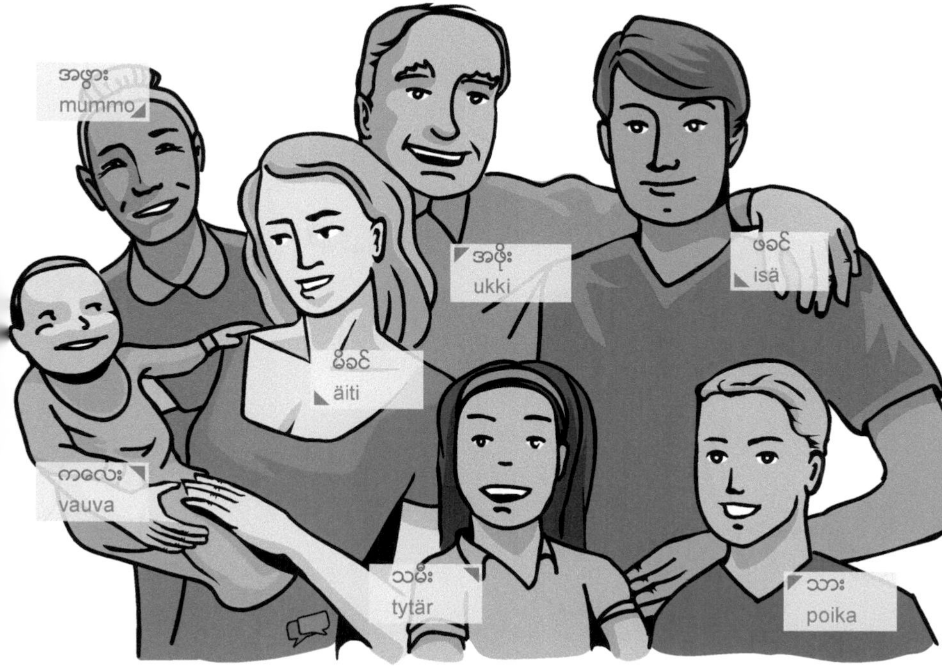
အဖွား
mummo
အဖိုး
ukki
ဖခင်
isä
မိခင်
äiti
ကလေး
vauva
သမီး
tytär
သား
poika

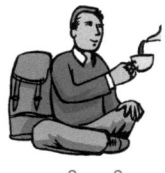

ဧည့်သည်

vieras

အဒေါ်

täti

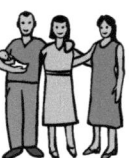

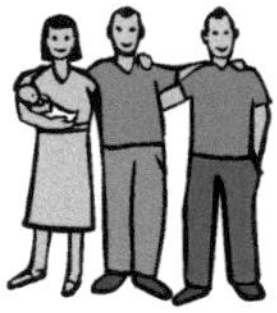

ဦးလေး

setä

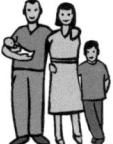

အစ်ကို

veli

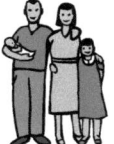

အစ်မ

sisko

ကိုယ်ခန္ဓာ

vartalo

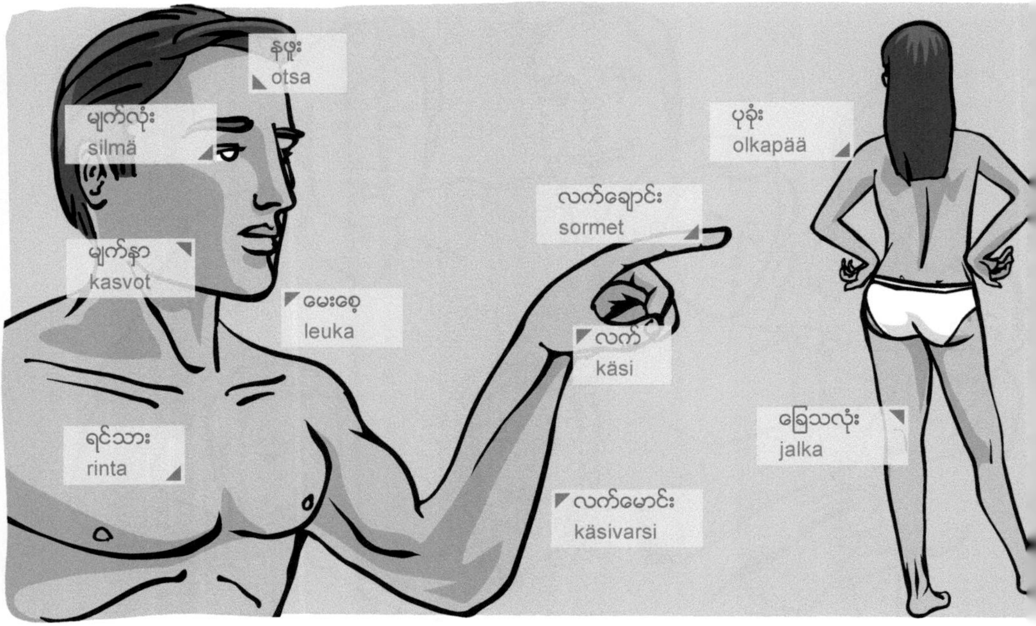

နဖူး
otsa

မျက်လုံး
silmä

မျက်နှာ
kasvot

မေးစေ့
leuka

ရင်သား
rinta

လက်ချောင်း
sormet

လက်
käsi

လက်မောင်း
käsivarsi

ပုခုံး
olkapää

ခြေသလုံး
jalka

ကလေး
vauva

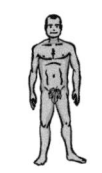

ယောက်ျားကြီး
mies

အမျိုးသမီးကြီး
nainen

မိန်းကလေး
tyttö

ယောက်ျားလေး
poika

ဦးခေါင်း
pää

နောက်ကျော

selkä

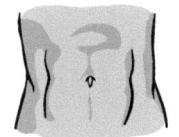

ပိုက်

maha

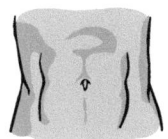

ချက်

napa

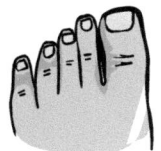

ခြေချောင်း

varvas

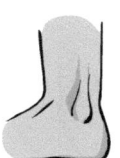

ဖနောင့်

kantapää

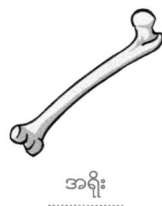

အရိုး

luu

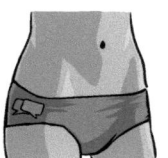

တင်ရိုး

lantio

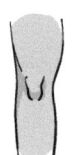

ဒူးခေါင်း

polvi

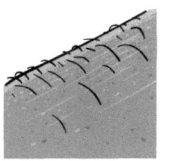

တံတောင်ဆစ်

kyynärpää

နှာခေါင်း

nenä

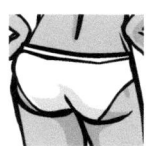

တင်ပါး

takapuoli

အရေပြား

iho

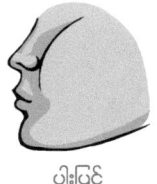

ပါးပြင်

poski

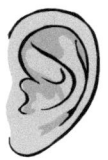

နား

korva

 နှုတ်ခမ်း

huuli

ပါးစပ်

suu

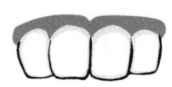

သွား

hammas

လျှာ

kieli

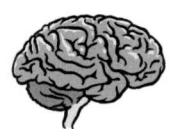

ဦးနှောက်

aivot

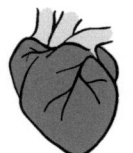

နှလုံး

sydän

ကြွက်သား

lihas

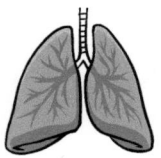

အဆုတ်

keuhkot

အသည်း

maksa

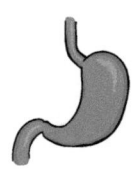

အစာအိမ်

vatsa

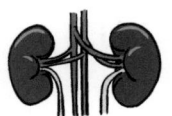

ကျောက်ကပ်များ

munuaiset

လိင်

seksi

ကွန်ဒုံး

kondomi

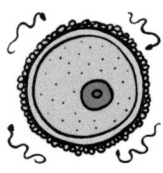

သားဥ

munasolu

သုတ်ရည်

sperma

ကိုယ်ဝန်

raskaus

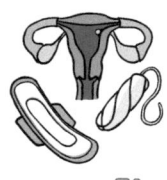

မွေးတာလာခြင်း

kuukautiset

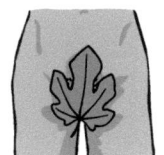

မိန်းမကိုယ်

vagina

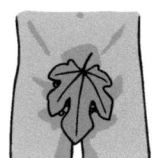

လိင်တံ

penis

မျက်ခုံး

kulmakarvat

ဆံပင်

hiukset

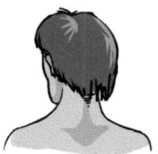

လည်ပင်း

niska

ဆေးရုံ

sairaala

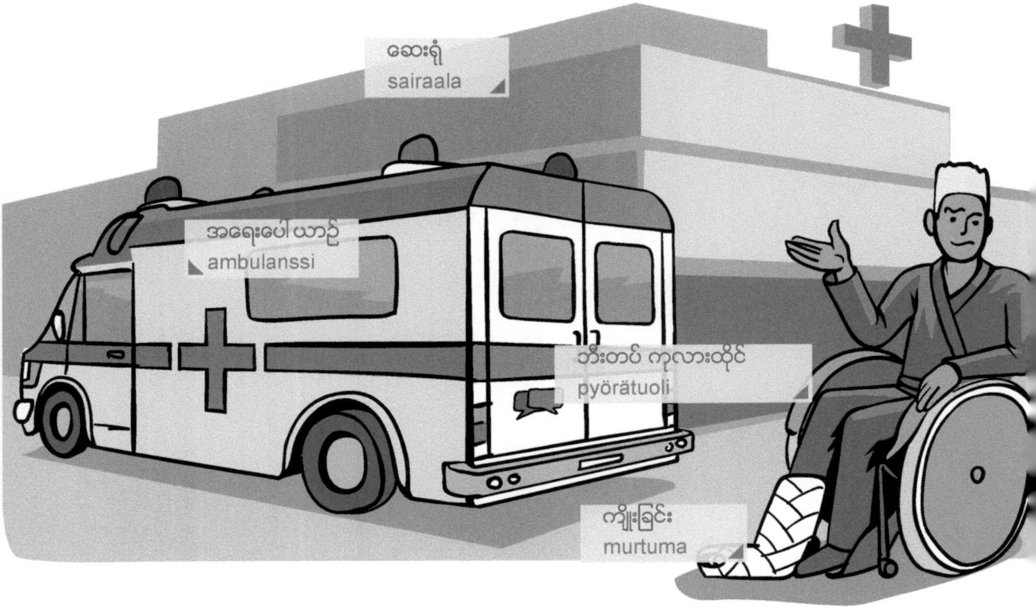

ဆေးရုံ
sairaala
အရေးပေါ်ယာဉ်
ambulanssi
ဘီးတပ် ကုလားထိုင်
pyörätuoli
ကျိုးခြင်း
murtuma

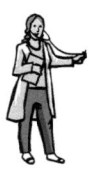

ဆရာဝန်

lääkäri

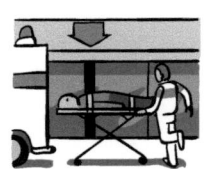

အရေးပေါ် ဆေးကုသခန်း

ensiapu

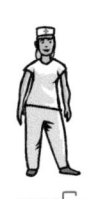

သူနာပြု

sairaanhoitaja

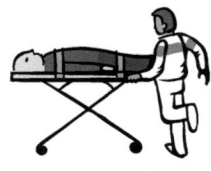

အရေးပေါ်

hätätilanne

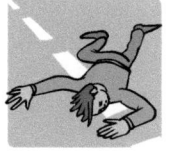

သတိလစ်ခြင်း

tajuton

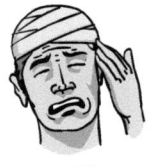

နာခြင်း

kipu

ဒဏ်ရာ

vamma

သွေးပိုထွက်ခြင်း

verenvuoto

နှလုံးရပ်ခြင်း

sydänkohtaus

လေဖြတ်ခြင်း

aivoinfarkti

ဓာတ်မတည့်ခြင်း

allergia

ချောင်းဆိုးခြင်း

yskä

အဖျား

kuume

တုပ်ကွေးရောဂါ

flunssa

ဝမ်းပျက်ဝမ်းလျှောခြင်း

ripuli

ခေါင်းကိုက်ခြင်း

päänsärky

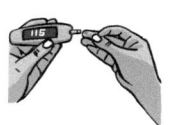

ကင်ဆာရောဂါ

syöpä

ဆီးချိုရောဂါ

diabetes

ခွဲစိတ်ဆရာဝန်

kirurgi

ခွဲစိတ်ခန်းသုံးဓါးပါး

veitsi

ခွဲစိတ်ခြင်း

leikkaus

စီတီ

ct

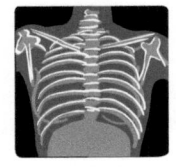

ဓာတ်မှန်

röntgen

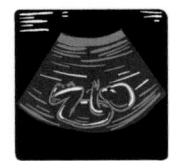

အာထရာဆောင်း

ultraääni

မျက်နှာဖုံး

maski

ရောဂါ

sairaus

စောင့်ဆိုင်းရန် အခန်း

odotushuone

ချိုင်းထောက်

sauva

ပလာစတာ

laastari

ပတ်တီး

side

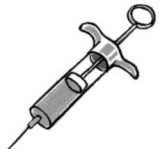

ထိုးဆေး

pistos

နားကြပ်

stetoskooppi

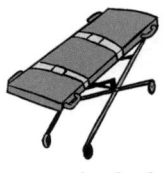

လူနာတင်ထမ်းစင်

paarit

ကုသရေးပိုင်းသုံး
အပူချိန်တိုင်းသာမိုမီတာ

kuumemittari

မွေးဖွားခြင်း

syntymä

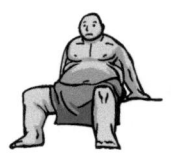

အဝလွန်ခြင်း

ylipaino

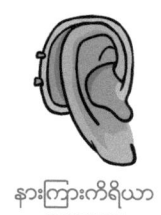

နားကြားကိရိယာ
kuulolaite

ပိုးသတ်ဆေး
desinfiointiaine

ရောဂါကူးစက်ခြင်း
infektio

ဗိုင်းရပ်စ်ပိုး
virus

အိတ်ချ်အိုင်ဗွီ /
အေအိုင်ဒီအက်စ်
HIV / AIDS

ဆေးဝါး
lääke

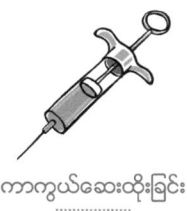

ကာကွယ်ဆေးထိုးခြင်း
rokotus

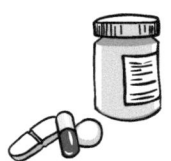

ဆေးလုံးများ
tabletit

ဆေးလုံး
pilleri

အရေးပေါ် ဖုန်းခေါ် ဆိုမှု
hätäpuhelu

သွေးဖိအား စောင့်ကြည့်သည့်
ကိရိယာ
verenpainemittari

နာမကျန်းသော / ကျန်းမာသော
sairas / terve

ကူညီကြပါ။

Apua!

အရေးပေါ် ခေါင်းလောင်း

hälytys

ရိုက်နက်သည်

ryöstö

တိုက်ခိုက်သည်

hyökkäys

အန္တရာယ်

vaara

အရေးပေါ် ထွက်ပေါက်

hätäuloskäynti

မီး။

Tulipalo!

မီးသတ်ဘူး

palosammutin

မတော်တဆဖြစ်ရပ်

onnettomuus

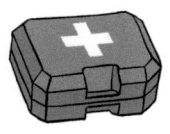

ကြက်ခြေနီ ဆေးပုံး

ensiapulaukku

အက်စ်အိုအက်စ်

SOS

ရဲ

poliisilaitos

ဥရောပတိုက်

Eurooppa

မြောက်အမေရိကတိုက်

Pohjois-Amerikka

တောင်အမေရိကတိုက်

Etelä-Amerikka

အာဖရိကတိုက်

Afrikka

အာရှတိုက်

Aasia

သြစတြေးလျတိုက်

Australia

အတ္တလန္တိတ် သမုဒ္ဒရာ

Atlantin valtameri

ပစိဖိတ် သမုဒ္ဒရာ

Tyynimeri

အိန္ဒိယ သမုဒ္ဒရာ

Intian valtameri

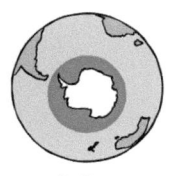

အန္တာတိတ် သမုဒ္ဒရာ

Eteläinen jäämeri

အာတိတ် သမုဒ္ဒရာ

Pohjoinen jäämeri

မြောက်ဝင်ရိုးစွန်း

pohjoisnapa

တောင်ဝင်ရိုးစွန်း
etelänapa

အန္တာတိကတိုက်
Antarktis

ကမ္ဘာမြေကြီး
maa

ကုန်းမြေ
maa

ပင်လယ်
meri

ကျွန်း
saari

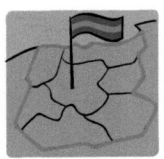

နိုင်ငံကူးလက်မှတ်
kansa

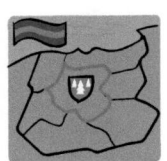

ပြည်နယ်
osavaltio

နာရီမျက်နှာပြင်
kellotaulu

နာရီလက်တံ
tuntiviisari

မိနစ်လက်တံ
minuuttiviisari

ဒုတိယလက်တံ
sekuntiviisari

ဘယ်အချိန်ရှိပြီလဲ။
Paljonko kello on?

ရက်
päivä

အချိန်
aika

ယခု
nyt

ဒစ်ဂျဲတယ် လက်ပတ်နာရီ
digitaalikello

မိနစ်
minuutti

နာရီ
tunti

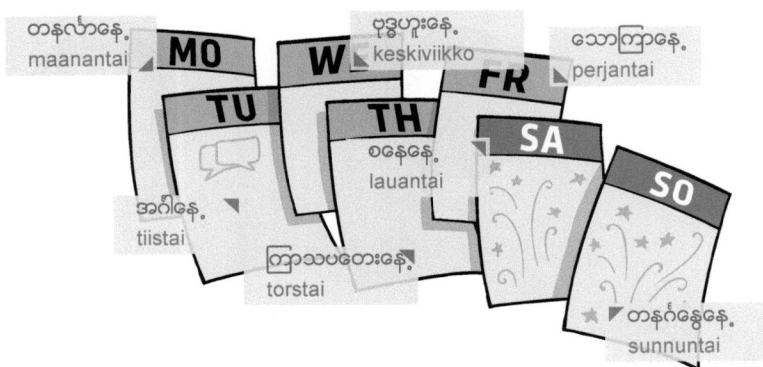

တနင်္လာနေ့
maanantai

ဗုဒ္ဓဟူးနေ့
keskiviikko

သောကြာနေ့
perjantai

အင်္ဂါနေ့
tiistai

စနေနေ့
lauantai

ကြာသပတေးနေ့
torstai

တနင်္ဂနွေနေ့
sunnuntai

မနေ့က

eilen

ယနေ့

tänään

မနက်ဖြန်

huomenna

မနက်

aamu

နေ့လည်

keskipäivä

ညနေ

ilta

အလုပ်လုပ်ရက်များ

työpäivät

စနေ တနင်္ဂနွေ အားလပ်ရက်

viikonloppu

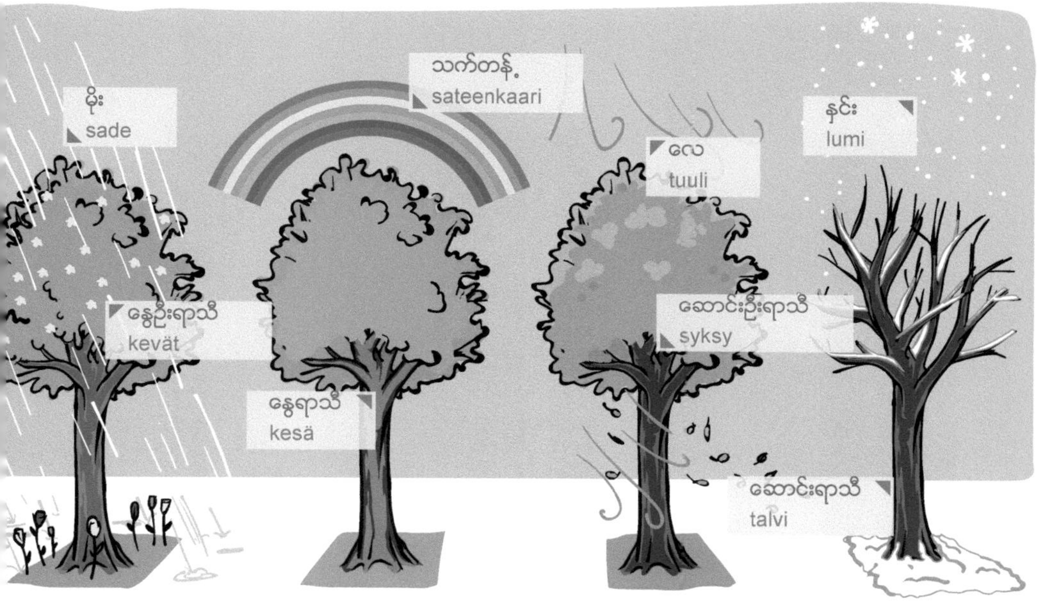

မိုး
sade

သက်တန့်
sateenkaari

နွေဦးရာသီ
kevät

နွေရာသီ
kesä

လေ
tuuli

နှင်း
lumi

ဆောင်းဦးရာသီ
syksy

ဆောင်းရာသီ
talvi

4.APRIL	11°	☀
5.APRIL	4°	🌧
6.APRIL	13°	🌧
7.APRIL	8°	☀
8.APRIL	10°	☀

ၜဝသ ကြိုတင်ခန့်မှန်းချက်

sääennuste

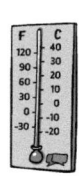

အပူချိန်တိုင်း ကိရိယာ

lämpömittari

နေရောင်ခြည်

auringonpaiste

တိမ်

pilvi

မြူ

sumu

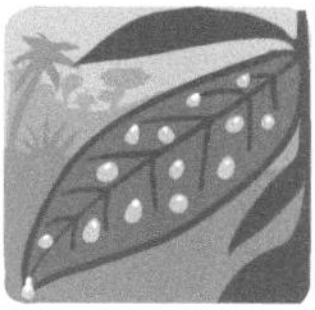

စိုထိုင်းဆ

ilmankosteus

လျှပ်စီးလက်ခြင်း
salama

မိုးကြိုး
ukkonen

မုန်တိုင်း
myrsky

မိုးသီး
rae

မိုးရာသီ
monsuuni

ရေကြီးခြင်း
tulva

ရေခဲ
jää

ဇန္နဝါရီလ
tammikuu

ဖေဖော်ဝါရီလ
helmikuu

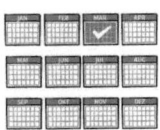

မတ်လ
maaliskuu

ပြေီလ
huhtikuu

မေလ
toukokuu

ဇွန်လ
kesäkuu

ဇူလိုင်လ
heinäkuu

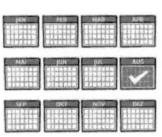

သြဂုတ်လ
elokuu

စက်တင်�’ဘာလ
....
syyskuu

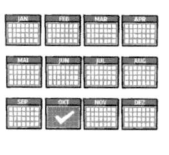

အောက်တိုဘာလ
....
lokakuu

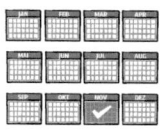

နိုဝင်ဘာလ
....
marraskuu

ဒီဇင်ဘာလ
....
joulukuu

ပုံစံများ
muodot

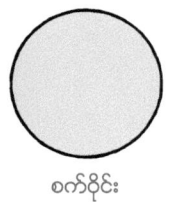

စက်ဝိုင်း
....
ympyrä

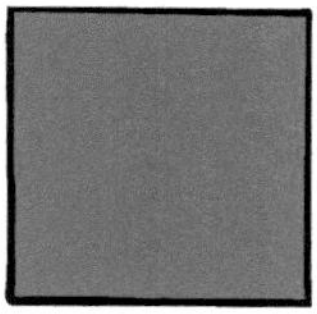

စတုရန်း
....
neliö

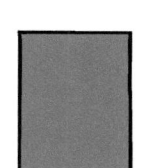

ထောင့်မှန်စတုဂံ
....
suorakulmio

တြိဂံ
....
kolmio

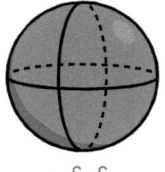

စက်ဝန်း
....
pallo

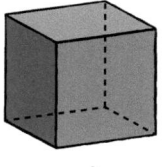

အတုံး
....
kuutio

အဖြူရောင်

valkoinen

အဝါရောင်

keltainen

လိမ္မော်ရောင်

oranssi

ပန်းရောင်

vaaleanpunainen

အနီရောင်

punainen

ခရမ်းရောင်

violetti

အပြာရောင်

sininen

အစိမ်းရောင်

vihreä

အညိုရောင်

ruskea

မီးခိုးရောင်

harmaa

အနက်ရောင်

musta

ာများအပြား / အနည်းငယ်

paljon / vähän

စိတ်ဆိုးသော /
စိတ်တည်ငြိမ်သော

vihainen / ystävällinen

လှပသော / ရုပ်ဆိုးသော

kaunis / ruma

အစ / အဆုံး

alku / loppu

အကြီးသော / အငယ်

suuri / pieni

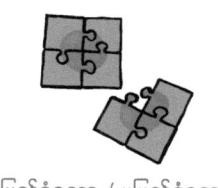

တောက်ပသော / မှောင်မဲသော

vaalea / tumma

ညီအစ်ကို / ညီအစ်မ

veli / sisko

သန့်ရှင်းသော / ညစ်ပတ်သော

puhdas / likainen

ပြည့်စုံသော / မပြည့်စုံသော

täydellinen / epätäydellinen

နေ့ / ည

päivä / yö

သေသော / ရှင်သော

kuollut / elävä

ကျယ်သော / ကျဉ်းသော

leveä / kapea

စားသုံးနိုင်သော /
မစားသုံးနိုင်သော

syötävä / syömäkelvoton

စိတ်ယုတ်သော / ကြင်နာသော

paha / kiltti

စိတ်လှုပ်ရှားဖွယ် / ပျင်းရိဖွယ်

innostunut / tylsistynyt

ဝသော / ပိန်သော

lihava / laiha

ပထမ / နောက်ဆုံးပိတ်

ensimmäinen / viimeinen

မိတ်ဆွေ / ရန်သူ

ystävä / vihollinen

အပြည့် / ဘာမှမရှိ

täysi / tyhjä

မာသော / ပျော့သော

kova / pehmeä

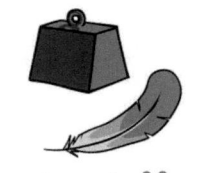

လေးလံသော / ပေါ့ပါးသော

painava / kevyt

ဆာလောင်သော / ရေဆာသော

nälkä / jano

နာမကျန်းသော / ကျန်းမာသော

sairas / terve

တရားမဝင်သော /
တရားဝင်သော
laitoh / laillinen

ဉာဏ်ကောင်းသော /
ထိုင်းသော

älykäs / tyhmä

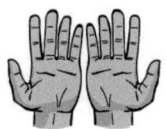

ဘယ် / ညာ

vasen / oikea

နီးသော / ဝေးသော

lähellä / kaukana

အသစ် / အသုံးပြုပြီးသား
....
uusi / käytetty

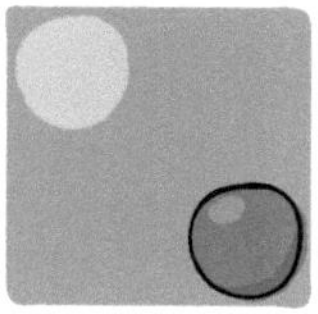

ဘာမှမရှိ / တစ်ခုခု
....
ei mitään / jotain

အသက်ကြီးသော / ငယ်ရွယ်သော
vanha / nuori

ဖွင့်သော / ပိတ်သော
....
päällä / pois päältä

ဖွင့်သော / ပိတ်သော
....
auki / kiinni

တိတ်ဆိတ် / ကျယ်လောင်
....
hiljainen / äänekäs

ချမ်းသာ / ဆင်းရဲ
....
rikas / köyhä

အမှန် / အမှား
....
oikein / väärin

ကြမ်းတမ်း / ချောမွေ့
....
karhea / sileä

ဝမ်းနည်း / ဝမ်းသာ
....
surullinen / iloinen

အတို / အရှည်
....
lyhyt / pitkä

အနှေး / အမြန်
....
hidas / nopea

သော / ခြောက်သွေ့သော
....
märkä / kuiva

နွေးထွေးသော / အေးမြသော
....
lämmin / viileä

စစ် / ငြိမ်းချမ်းရေး
....
sota / rauha

0

သုည
....
nolla

1

တစ်
....
yksi

2

နှစ်
....
kaksi

3

သုံး
....
kolme

4

လေး
....
neljä

5

ငါး
....
viisi

6

ခြောက်
....
kuusi

7

ခုနှစ်
....
seitsemän

8

ရှစ်
....
kahdeksan

9

ကိုး
....
yhdeksän

10

တစ်ဆယ်
....
kymmenen

11

ဆယ့်တစ်
....
yksitoista

12

ဆယ့်နှစ်

kaksitoista

13

ဆယ့်သုံး

kolmetoista

14

ဆယ့်လေး

neljätoista

15

ဆယ့်ငါး

viisitoista

16

ဆယ့်ခြောက်

kuusitoista

17

ဆယ့်ခုနစ်

seitsemäntoista

18

ဆယ့်ရှစ်

kahdeksantoista

19

ဆယ့်ကိုး

yhdeksäntoista

20

နှစ်ဆယ်

kaksikymmentä

100

ရာ

sata

1.000

ထောင်

tuhat

1.000.000

မီလျံ

miljoona

အင်္ဂလိပ် ဘာသာစကား

englanti

အမေရိကန် အင်္ဂလိပ်
ဘာသာစကား
amerikanenglanti

တရုတ် မန်ဒရင်း ဘာသာစကား

mandariinikiina

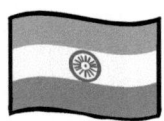

ဟိန္ဒူ ဘာသာစကား

hindi

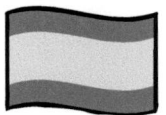

စပိန် ဘာသာစကား

espanja

ပြင်သစ် ဘာသာစကား

ranska

အာရဗီ ဘာသာစကား

arabia

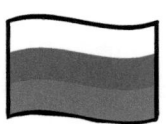

ရုရှ ဘာသာစကား

venäjä

ပေါ်တူဂီ ဘာသာစကား

portugali

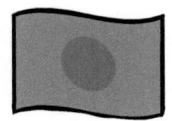

ဘင်္ဂါလီ ဘာသာစကား

bengali

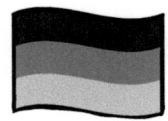

ဂျာမန် ဘာသာစကား

saksa

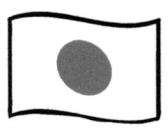

ဂျပန် ဘာသာစကား

japani

ကျွန်ုပ်

minä

သင်

sinä

သူ / သူမ / ၎င်း

hän

ကျွန်ုပ်တို့

me

သင်တို့

te

သူတို့

he

ဘယ်သူလဲ။

kuka?

ဘာလဲ။

mitä / mikä?

ဘယ်လိုလဲ။

miten?

ဘယ်နေရာလဲ။

missä?

ဘယ်အချိန်လဲ။

milloin?

အမည်

nimi

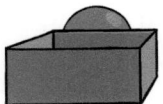

အနောက်ဖက်

takana

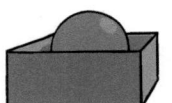

အတွင်း

sisällä

အရှေ့ဖက်

edessä

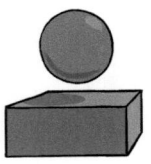

အထက်ဖက်

yläpuolella

အပေါ်ဖက်

päällä

အောက်ဖက်

alapuolella

ဘေးဖက်

vieressä

ကြား

välissä

နေရာ

paikka